D1065914

La PSYCHOLOGIE
UNIVERSELLE

Du même auteur, chez le même éditeur :

Comment s'affirmer et devenir un être rayonnant, 1991.

Votre corps, un Univers à découvrir, 1992.

Avis aux lecteurs

Le **vous** employé dans ce présent ouvrage inclut le **je** de l'auteur.

La PSYCHOLOGIE UNIVERSELLE

Théorie efficace

Tome I

Claire Poulin

 Éditions de Mortagne

Données de catalogage avant publication (Canada)
Poulin, Claire
La psychologie universelle: théorie efficace
Comprend des réf. bibliogr.
ISBN 2-89074-872-3 (v.1)

1. Communication interpersonnelle. 2. Perception auditive. 3.
Perception visuelle. 4. Connaissance de soi. 5. Couples. 6.
Relations humaines I.Titre.

BF637.C45P68   1996   158'2   C96-941258-4

Édition
Les Éditions de Mortagne
Casier postal 116
Boucherville (Québec)
J4B 5E6

Diffusion
Tél.: (514) 641-2387
Téléc.: (514) 655-6092

Dépôt légal
Bibliothèque nationale du Canada
Bibliothèque nationale du Québec
Bibliothèque Nationale de France

4e trimestre 1996

ISBN: 2-89074-873-3

1 2 3 4 5 - 96 - 00 99 98 97 96

Imprimé au Canada

À tous les habitants

de la Terre

qui ont soif de vérité.

Remerciements

Mes sincères remerciements à mes amis et amies ainsi qu'à mes fidèles collaborateurs et collaboratrices.

À Dieu, source de toute inspiration.

À Roger, l'homme de ma vie, pour son amour, sa patience, sa grande compréhension et son respect.

À Irène Robitaille, une amie, une confidente et une précieuse collaboratrice.

À Rose Dompierre, auteur et amie, pour sa collaboration et ses judicieux conseils.

À Odette Bolduc Chalifour, infirmière, amie précieuse et fidèle collaboratrice, pour les nombreuses heures employées à la correction de mes textes.

À Marie Bolduc, une de mes élèves, pour les illustrations qui accompagnent ce livre.

À Banique Tiam, cardiologue, ami exceptionnel, pour la préface de ce livre et ses encouragements à le faire publier.

À Danielle Du Sablon, photographe, pour son sens artistique et sa précieuse collaboration.

Note de l'auteur

Dans cet ouvrage, mon objectif est d'apporter une aide précieuse à la communication.

Suite aux commentaires reçus lors de cours, de conférences et de rencontres, il est important de mentionner au préalable que cet ouvrage, qui traite de la traduction des langages auditif et visuel, ne favorise aucunement l'un ou l'autre type de comportements. Toute personne qui dénigrerait l'un des comportements liés aux deux énergies, auditive et visuelle, renierait une partie d'elle-même.

De toute évidence, il ne fait aucun doute dans mon esprit que les deux comportements sont normaux et essentiels à un développement harmonieux, malgré les différences qui les caractérisent.

La traduction des langages auditif et visuel permet une meilleure connaissance de ces deux comportements et instaure l'harmonie à l'intérieur de vous-même, du couple, de la famille, du milieu de travail, de la société et, en définitive, sur la planète entière et dans tout l'Univers.

Table des matières

14

15

16

Préface

Le manque de communication est à l'origine des conflits dans le couple, dans la famille et dans la société. Le véritable secret de la communication réside dans la compréhension des deux modes d'expression du langage que sont l'auditif et le visuel.

Lorsque j'ai découvert le manuscrit de Claire Poulin, j'ai été conquis dès les premières pages par la clarté et par la manière simple et directe qu'a l'auteur de présenter ces outils de transformation si efficaces.

Le chemin qui nous est proposé est sans détour et c'est celui du cœur. Il nous apporte une sensation de clarté, de sérénité et de paix intérieure.

J'ai pu constater maintes fois l'efficacité des principes et des outils que l'auteur indique, dès que l'on s'en sert avec enthousiasme.

Qu'est-ce qui compte le plus pour une personne, sinon la découverte de son vrai moi? Nous ne saurions donner un sens profond et durable à la vie sans savoir qui nous sommes.

C'est le but recherché dans ce livre : comment être en harmonie avec nous-même et harmoniser nos relations avec les autres.

Dr **Banique Tiam, cardiologue**

Avant-propos

Quelques années se sont écoulées depuis la parution de mes deux premiers ouvrages. Ces années ont été pour moi l'occasion de vivre des expériences enrichissantes.

Motivée par le même élan d'amour et stimulée par le désir sincère de comprendre l'être humain dans son expression, j'ai poursuivi des recherches en ce sens. Elles m'ont conduite à la découverte de la psychologie universelle.

Ce livre mérite toute votre attention, car il renferme le secret de la communication et je vous invite à vous imprégner de chacune de ses pages. Il vous permettra de comprendre le comportement humain à travers les âges et vous réconciliera avec vous-même et tous les peuples de la Terre.

À vous qui lisez ces pages, je vous confie, en toute simplicité, un message que je considère comme précieux et important. Puissiez-vous le comprendre et le recevoir avec amour afin de permettre à la Lumière, transmise par ce message, de vous pénétrer et de vous réchauffer de sa douce et éternelle chaleur.

Introduction

L'objectif de cet ouvrage est d'apporter une aide précieuse dans la compréhension du comportement humain et de vous initier à l'art de la communication harmonieuse.

La psychologie universelle est une continuité de mes deux premiers volumes, *Comment s'affirmer et devenir un être rayonnant* et *Votre corps, un Univers à découvrir*.

Comment s'affirmer et devenir un être rayonnant vous permet de prendre conscience de l'importance de l'équilibre des plans physique, mental, intellectuel et spirituel.

Votre corps, un Univers à découvrir vous invite à maintenir l'équilibre énergétique de votre corps et à poursuivre votre évolution à travers les temps.

Ce troisième livre, *La psychologie universelle*, vous explique le comportement de deux énergies différentes qui vous habitent et l'expression de leur langage.

Si vous remontez à l'origine de la création, vous constaterez l'existence de deux énergies : l'énergie auditive et l'énergie visuelle. L'étude de cette nouvelle théorie, la psychologie universelle, vous ramène à votre origine et vous en démontre clairement l'existence. Ces deux énergies sont essentielles à votre développement, car vous êtes formé de ces deux énergies. Elles sont à la base du comportement humain et c'est d'ailleurs de ces deux énergies que proviennent les langages auditif et visuel.

Tout comme les deux énergies, le langage auditif et le langage visuel remontent à l'origine de la création. Au cours des âges, l'un de ces deux langages a nettement dominé et a été reconnu comme le seul valable tandis que l'autre a été délaissé, par ignorance ou volontairement. De nos jours, dans la vie quotidienne, le rejet d'une énergie fausse la communication et donne lieu à l'incompréhension.

Ces deux langages sont inscrits en chacun de vous. Un appel intérieur vous pousse à remonter à cette origine pour combler l'espace laissé par l'énergie ignorée depuis des millénaires. Ce retour permet de remettre en place chaque morceau oublié au cours des âges, car chacun d'eux explique le comportement humain et forme la grande mosaïque de l'Univers.

Dans ce présent ouvrage, après avoir identifié l'énergie auditive et l'énergie visuelle, je décris en termes de langage chaque comportement, auditif et visuel, d'une manière simple et accessible à tous. Par le fait même, j'interprète et je traduis, d'une part, le langage auditif en langage visuel et, d'autre part, le langage visuel en langage auditif.

La traduction de ces langages est l'itinéraire à suivre pour retrouver votre identité, rétablir une communication harmonieuse et obtenir une véritable compréhension de la psychologie universelle dans le couple, la famille, le milieu de travail et partout dans le monde.

Étant donné que le contenu de la psychologie universelle est considérable, le sujet sera développé en plusieurs tomes.

PARTIE I

LA COMMUNICATION

LA COMMUNICATION est devenue un sujet populaire, car nous sommes à l'ère de la communication. Et pourtant, que d'incompréhension!

Si vous jetez un rapide coup d'œil sur le climat qui prévaut actuellement dans le monde, il n'est pas nécessaire de décrire les événements marquants de l'actualité pour que cette incompréhension vous paraisse évidente.

Tout comme moi, vous interrogez-vous sur la raison profonde qui a engendré cette incompréhension? Où faut-il en rechercher l'origine?

En remontant le temps, une évidence apparaît : à une certaine étape de l'évolution de la Vie, une déviation dans l'énergie s'est produite et s'est ensuite poursuivie dans l'application des lois et des règlements établis par les autorités civiles et religieuses. Cette déviation fut le début de l'incompréhension.

Mais tout au fond de vous, cette énergie originelle tente de refaire surface pour vous faire retrouver votre Identité.

Devant un nouveau-né, vous vous émerveillez toujours de tant de beauté et d'innocence. Pourquoi? Parce que de façon inconsciente, la naissance d'un enfant vous rappelle votre origine.

Dans le couple, l'union des parents représente l'Unité, par la fusion des deux énergies, l'énergie auditive et l'énergie visuelle. Ces deux énergies différentes sont essentielles à toute création.

Dans le couple comme dans votre corps, chaque fois que les deux énergies se réunissent, elles forment automatiquement une seule énergie, l'Unité, l'étincelle de Vie qui sert à créer.

L'énergie auditive et l'énergie visuelle

Dans l'Univers, deux énergies, l'énergie auditive et l'énergie visuelle, sont à l'origine de toute création.

Toutes les composantes du ciel (galaxies, astres, planètes, etc.) et de la terre (êtres humains, animaux, végétaux, minéraux, etc.) se reproduisent selon le même archétype[1], 50 % d'énergie auditive et 50 % d'énergie visuelle, créant ainsi l'équilibre et l'harmonie.

L'humanité a elle aussi été créée avec ces deux énergies selon ce principe absolu et universel.

À l'état parfait, chaque être humain et chacune des parties de son corps résultent de la combinaison de 50 % de l'énergie auditive et de 50 % de l'énergie visuelle.

---

1. Modèle.

Ces deux énergies comprennent chacune deux groupes distincts qui composent l'humanité, l'homme représentant la masculinité et la femme, la féminité.

La moitié des habitants de la Terre sont des hommes et des femmes appartenant à l'énergie auditive, l'autre moitié à l'énergie visuelle. Ceci est nécessaire pour maintenir l'équilibre de l'énergie.

Pour vous distinguer et brosser un tableau exact de ce que vous êtes, il faut tenir compte de trois facteurs principaux qui jouent un rôle important tout au long de votre vie.

L'identification

Dès votre naissance, trois signes permettent de vous caractériser :

– votre physique

– votre identité

– votre personnalité

Votre physique détermine votre sexe, masculin ou féminin, votre identité désigne votre énergie, auditive ou visuelle, et votre prénom révèle votre personnalité.

Votre physique

Votre apparence physique extérieure vous distingue en tant qu'homme, sexe masculin, ou en tant que femme, sexe féminin.

En se référant au physique de la personne, l'éducation, par les valeurs qu'elle transmet, nous impose deux types de comportements particuliers : le comportement masculin qui caractérise l'homme et le comportement féminin qui caractérise la femme. Mais un être humain dont le comportement serait uniquement axé sur le physique, serait une personne qui ne subviendrait qu'à ses besoins de base tels que survie, nourriture, sexe, etc. Dans ces conditions, son comportement s'apparentait à celui de l'animal, qui n'agit que selon des pulsions sexuelles; ceci le dégraderait et le rabaisserait au rang de l'animal.

Votre identité

Vous naissez investi d'une énergie qui vous donne votre identité auditive ou visuelle. Rien ne peut changer cette identité intérieure, tout comme votre apparence physique extérieure démontre que vous êtes un homme ou une femme.

Indépendamment de votre identité, vous avez besoin de 50 % d'énergie auditive et de 50 % d'énergie visuelle pour vous harmoniser.

Si vous n'utilisiez qu'une seule de ces énergies pour vous exprimer, votre développement intérieur ne serait pas complet, ni celui de votre couple. Cela déséquilibrerait totalement l'énergie de votre corps, car vous êtes conçu pour vivre avec les deux énergies.

Pour vivre en harmonie et pour obtenir un équilibre parfait, le mélange de ces deux énergies est nécessaire; vous devez **absolument** alterner l'utilisation de l'énergie visuelle et de l'énergie auditive, à la **même fréquence**[1].

---

1. Claire Poulin, *Comment s'affirmer et devenir un être rayonnant,* Éditions de Mortagne, 1991.

Votre personnalité

Le fait d'harmoniser les deux énergies en vous ne change ni votre sexe ni votre identité (auditive ou visuelle) reçue à votre naissance, mais constitue votre personnalité.

Une personne qui développe sa personnalité sans tenir compte de son identité ne peut être complète, car il lui manque des parties essentielles à une évolution normale.

L'éducation, en ne tenant pas compte de l'identité de la personne (énergie auditive ou visuelle), a grandement faussé le développement de la personnalité, car sans la reconnaissance de l'identité, son développement est incomplet, car il lui manque un élément indispensable.

Les lois

Les lois établies ne sont pas toujours conformes aux besoins fondamentaux de l'être humain. Pourquoi? Parce que consciemment ou inconsciemment, ceux qui ont élaboré les lois n'ont tenu compte que d'une seule énergie, l'énergie visuelle. Des lois établies sur cette base ne respectent pas les principes de l'énergie et maintiennent la déviation.

Depuis des milliers d'années, le rejet de l'énergie auditive a eu pour conséquence que, dans la transmission des valeurs fondamentales, l'éducation vous a appris, et même vous a obligés subtilement, à fonctionner d'après une seule énergie, l'énergie visuelle.

Au fil des millénaires, quelle que soit l'identification de son énergie, chacun a cru de façon inconsciente qu'il devait renoncer à reconnaître ouvertement l'énergie auditive et ne considérer comme valable que l'énergie visuelle.

Le rejet de l'énergie auditive a créé l'obligation de ne plus parler en terme d'énergie, mais uniquement en terme de comportement masculin ou féminin.

Des parties fondamentales du langage de l'énergie auditive ont été dérobées et adaptées au comportement féminin, établissant ainsi les normes de la féminité.

Des parties tout aussi importantes ont été prélevées du langage de l'énergie visuelle et réservées au seul comportement masculin, établissant les bases de la masculinité.

Tout ceci a dérouté l'orientation naturelle du comportement de l'être humain. On s'attend à ce que l'homme ait uniquement un comportement masculin et la femme uniquement un comportement féminin.

C'est une supercherie, car le comportement masculin ou féminin permet de distinguer l'enveloppe physique de l'homme ou de la femme et ne décrit en réalité que son comportement sexuel. Ce modèle favorise l'homme et discrédite la femme, en accordant la supériorité à l'homme et en plaçant la femme à un rang inférieur.

Dans ce mode de fonctionnement, le fait d'avoir ignoré l'énergie auditive pour développer davantage l'énergie visuelle a fait apparaître des lacunes sérieuses dans le comportement humain, des pièces manquantes dans l'énergie, un déséquilibre dans le corps, une incompréhension dans la communication.

Peu à peu, un monde d'illusion s'est créé, qui est devenu tellement réel que la plupart des gens croient vivre la réalité.

À l'aube du XXIe siècle, le temps est venu de reconnaître que tous les êtres humains, qu'ils soient femme ou homme, d'énergie auditive ou d'énergie visuelle, sont égaux et complémentaires, quelles que soient leurs différences.

Le rétablissement de l'énergie

Depuis des années, de nombreux efforts ont été tentés pour faciliter la communication, mais que résulte-t-il de cette volonté?

Après toutes ces démarches, la communication s'est-elle améliorée?

Devant des résultats semblables, avez-vous eu l'impression de tourner en rond, d'être face à une énigme?

Si oui, avez-vous poursuivi votre recherche dans le sens de «**comment** enrayer l'incompréhension», en appliquant des techniques et des thérapies appropriées ou vous êtes-vous interrogé sur le «**pourquoi** de cet incompréhension»?

Après mûre réflexion, vous arrivez sûrement à la conclusion que toute tentative entreprise jusqu'à maintenant a été dirigée vers le **comment** et non le **pourquoi**, à cause de la déviation de l'énergie[1].

Sur quelles bases repose la psychologie des temps modernes? Il faut absolument constater que l'enseignement de la psychologie définit et établit le comportement humain en ne tenant compte que d'une seule énergie. Dans ces conditions, il manquera toujours des données importantes pour avoir une véritable connaissance de l'être humain.

Pour obtenir une évaluation juste dans l'interprétation du comportement humain et pour qu'elle soit objective et valable, sur quelles bases devrait-elle reposer?

---

1. Claire Poulin, *Comment s'affirmer et devenir un être rayonnant,* Éditions de Mortagne, 1991.

Il faudrait d'abord tenir compte d'un facteur important, celui de la reconnaissance de l'existence de deux énergies : l'énergie auditive et l'énergie visuelle. Sinon le résultat de l'évaluation sera faussé, car les critères de base de ces deux énergies sont totalement différents.

Depuis trop longtemps, les deux énergies ont pris des chemins opposés.

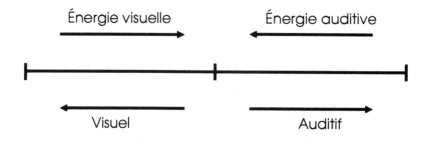

Figure 1
Les deux énergies

La découverte de l'existence de ces deux énergies peut changer de façon significative votre manière de comprendre la vie et les événements de votre vie, car elle vous révèle une facette d'un monde tout à fait différent de ce que vous avez pu imaginer jusqu'à maintenant.

Le langage universel

À cause de la déviation de l'énergie, les deux énergies ont été prises séparément et ont donné naissance à deux langages, le langage auditif et le langage visuel.

Ces deux langages s'expriment différemment, autant à l'intérieur qu'à l'extérieur de vous. Mais réunis, ils forment un tout harmonieux et conduisent au langage universel.

Vous avez été créé pour utiliser ces deux énergies et pour vous exprimer dans ce langage harmonieux qu'est le langage universel.

Pour faire l'unité à l'intérieur de vous, vous devez réapprendre les deux langages et retrouver le langage universel inné en vous. Cependant, avant toute chose, vous devez d'abord prendre conscience de l'énorme différence qui existe entre ces deux langages.

L'identification des langages, auditif et visuel

Pour reconnaître le langage de chacune des deux énergies, comparez-le au langage d'un couple mixte, c'est-à-dire un homme d'origine française uni à une femme d'origine anglaise. Dans cette union, c'est la langue qui est différente.

Si vous êtes en présence d'un Anglais, vous reconnaissez immédiatement la différence de langage entre lui et vous, mais pouvez-vous affirmer connaître cet homme? La barrière des langues vous sépare : lui n'a aucune notion du français et vous ne parlez pas l'anglais. Dans ces conditions, quelle sorte de communication pouvez-vous établir avec lui?

Dans un couple anglais-français, c'est la langue qui est différente, mais dans un couple auditif-visuel, c'est le langage qui est différent, car celui-ci provient de deux énergies différentes qui poussent la personne à parler, à agir et à être. La manière de comprendre de la personne d'énergie auditive est totalement différente de la personne d'énergie visuelle!

La différence de langage entre un auditif et un visuel est aussi évidente que peut l'être la langue anglaise de la langue française. Lorsque vous êtes en présence d'un auditif ou d'un visuel, pouvez-vous au moins reconnaître cette différence?

Certains auteurs ont reconnu l'existence des deux énergies et d'autres ont identifié les auditifs et les visuels. Par leurs écrits, ils ont permis un éveil et ouvert la voie à d'autres découvertes.

Jusqu'à présent, certaines de ces lectures vous ont peut-être permis de reconnaître et d'admettre l'existence des auditifs et des visuels. Il y en a même parmi vous qui en avez étudié les caractéristiques[1].

C'est très bien, mais la reconnaissance des caractéristiques des auditifs et des visuels équivaut à distinguer un Anglais d'un Français. Le fait de reconnaître qu'une personne est anglaise ne vous apprend pas à parler anglais.

Le fait de savoir reconnaître un auditif d'un visuel vous permet de reconnaître l'énergie utilisée, mais ne vous apprend pas pour autant les langages **auditif** et **visuel**.

---

1. Madeleine Turgeon, *La réflexologie du cerveau*, Éditions de Mortagne, 1988.

Jusqu'à présent, la plupart des gens ont passé leur vie auprès de personnes ou les ont côtoyées en ayant la certitude de les connaître. En fait, ils ne les connaissaient pas réellement : ce n'était qu'une illusion.

Une expression populaire québécoise du visuel le confirme :

«Je le(la) connais comme si je l'avais tricoté(e).»

Avec la découverte des langages auditif et visuel, vous vous rendrez rapidement compte qu'il manque plusieurs mailles à votre tricot!

Une expression populaire de l'auditif vient réaffirmer cette incompréhension :

«Pourtant je parle français, mais c'est comme si je parlais une autre langue.»

L'utilisation de la même langue a créé une illusion, celle de connaître l'autre.

Il(elle) parle le français, donc en principe, il(elle) me comprend.

De cette illusion, deux croyances sont apparues :

L'auditif, croyant à une attitude d'entêtement de la part du visuel, dira :

«Il(elle) est têtu(e).»

Le visuel, lui, croyant à une attitude d'indifférence de la part de l'auditif, déduira :

«Il(elle) ne répond pas, donc il(elle) est indifférent(e).»

Ces deux croyances proviennent de l'interprétation des faits selon l'énergie utilisée.

Auditif ou visuel, vous avez adopté envers l'autre, pour communiquer, une attitude correspondant à votre énergie. Croyant avoir trouvé la bonne formule, vous avez la certitude d'être compris par l'autre et de le comprendre.

Cependant, cette formule ne vous donne aucun indice pour détecter un éventuel manque de compréhension, car vous avez continuellement l'impression que l'autre personne vous comprend vraiment.

Dans votre manière habituelle d'agir, **ce qui plaît à l'un déplaît la plupart du temps carrément à l'autre** sans que vous en soyez conscient.

Pouvez-vous imaginer quelles frustrations peuvent vivre un couple ou deux personnes d'énergie différente, quelle incompréhension peut s'installer? Ils bâtissent entre eux un mur qui s'épaissit au cours des années.

Il est aussi frustrant pour l'auditif de se faire dire qu'il est renfermé, gêné et qu'il ne s'exprime pas ou peu, qu'il est frustrant pour le visuel de se faire répéter qu'il est énervé, effronté et qu'il parle trop. Seriez-vous porté à croire qu'un Anglais est gêné et renfermé parce qu'il ne s'exprime pas en français?

Si vous insistez pour changer la manière de s'exprimer de l'autre, sans qu'il comprenne les raisons de vos agissements, ce comportement peut paraître un désir de contrôle, de pouvoir.

À la longue, un tel comportement créera des tensions et entraînera des complexes et des frustrations, autant chez l'enfant que chez l'adulte.

Dans cette situation, **chacun de vous est sincèrement convaincu de posséder la meilleure façon de s'exprimer** et chacun garde ses positions.

Si vous agissez souvent pour plaire à l'autre, à la longue, vous vous sentirez **brimé**, sans en connaître la véritable raison.

Si vous faites l'effort nécessaire pour reconnaître et accepter vos différences, il est possible de supprimer ce mur de tension et d'incompréhension, et de rétablir l'harmonie dans votre communication par l'apprentissage des deux langages.

L'apprentissage des langages, auditif et visuel

Pour établir une bonne communication, l'étape à suivre après avoir reconnu l'énergie utilisée est d'apprendre le langage de l'autre, s'il est différent. Si vous demeurez auprès d'un Anglais ou si vous êtes entouré d'Anglais, vous devez apprendre leur langage pour les comprendre.

Apprendre le langage auditif ou visuel vous permet de vous reconnaître comme une personne à part entière, au comportement **normal**, et vous permet aussi de reconnaître comme normale l'autre énergie. Par le fait même, la connaissance des deux langages vous permet de comprendre et de respecter vos propres différences et celles des autres.

L'apprentissage de ces langages, **auditif et visuel,** nécessite le même effort que celui demandé pour l'apprentissage d'une autre langue, car sans la traduction de ces deux langages, vous demeurez au premier stade de la communication, celui du *yes* et du *no*.

La situation idéale est le bilinguisme (biénergie) pour chacun. De cette manière, vous êtes à l'aise dans les deux langages parce que vous avez retrouvé l'accent de votre langage initial, le langage universel.

Une traduction est maintenant nécessaire pour passer d'un langage à l'autre afin de réunir à nouveau les deux énergies en un point de rencontre, comme au début de la création, et obtenir ainsi une meilleure communication.

En tenant compte de l'identité auditive ou visuelle, et en sachant comprendre le langage de l'autre, la vie devient harmonieuse.

La poursuite de cette lecture vous en montrera l'évidence.

PARTIE II

LA TRADUCTION
DES LANGAGES
AUDITIF ET VISUEL

DANS CETTE NOUVELLE APPROCHE, après avoir reconnu les différences entre les deux énergies, auditive et visuelle, vous distinguerez deux comportements tout à fait différents chez la personne auditive et la personne visuelle.

Portrait d'un auditif

La pensée donne à la personne auditive un comportement intériorisé, indéfini, orienté vers le futur.

Dans la vie quotidienne, ce comportement se traduit de la façon suivante :

La personne auditive se tient en retrait pour observer les situations dans leur globalité, les accumule et les lie les unes aux autres afin de se forger une opinion et l'exprimer ensuite en très peu de mots.

Pour comprendre le comportement de l'auditif de façon générale, il faut rassembler tous les événements, car pour lui, ils sont tous reliés.

Par exemple, l'auditif rassemblera toutes les situations énumérées dans ce présent ouvrage pour en faire une synthèse, un tout.

Portrait d'un visuel

L'image donne à la personne visuelle un comportement extériorisé, défini, détaillé, tourné vers le passé.

Concrètement, ce comportement se vit dans le quotidien de la façon suivante :

La personne visuelle est attentive afin d'observer les situations d'une manière détaillée et les vit séparément, comme des faits isolés, pour ensuite donner son point de vue en l'exprimant avec beaucoup de mots.

Pour comprendre le comportement du visuel, il faut séparer les éléments, car pour lui chacun d'eux est vu comme un fait isolé.

Par exemple, pour le visuel, toutes les situations énumérées dans cet ouvrage deviennent des faits détachés, des cas séparés.

Dans les situations mentionnées, la description du comportement auditif ou visuel peut varier, car le milieu, l'éducation et la culture ont pu influencer fortement et jouer un rôle plus ou moins important dans la modification de ce comportement.

Chaque personne, homme ou femme, d'énergie auditive, a le même langage; chaque personne, homme ou femme, d'énergie visuelle, a le même langage.

Cependant, certaines personnes éprouvent de la difficulté à s'identifier en tant qu'énergie. Il s'agit d'une conséquence de la déviation de l'énergie.

La combinaison des deux énergies que chaque personne possède en elle peut, dans certains cas, induire en erreur. La présence de l'énergie visuelle semble donner un comportement visuel à une personne d'identité auditive, alors que cette dernière reste fondamentalement une auditive. Le même phénomène peut se produire dans l'identification de personnes d'énergie visuelle.

Dans les pages qui suivent, je m'adresserai à vous, lecteurs, en vous nommant «**auditif**» et «**visuel**» pour vous représenter.

Pour alléger le texte, le terme **auditif** regroupe toutes les personnes appartenant à l'énergie auditive et le terme **visuel** regroupe celles qui appartiennent à l'énergie visuelle.

Pour illustrer mes propos lors de mises en situation, j'emploierai comme modèle un couple formé d'un homme auditif et d'une femme visuelle. Il est évident que les exemples donnés s'appliquent aussi au couple formé d'un homme visuel et d'une femme auditive.

Les exemples utilisés sont des scènes familiales et domestiques. Mais ils s'appliquent aussi bien à l'école, au travail ou à toute autre activité de la vie courante, chaque fois qu'une relation s'établit entre une personne visuelle et une personne auditive, entre parents, amis, colocataires, relations de travail, étrangers, etc.

Dans les exemples donnés, il est question d'une traduction de comportement. Certains passages vous feront sans doute revivre des scènes déjà vécues. Il ne s'agit pas ici de valoriser une énergie plus qu'une autre, mais bien de **traduire** les comportements de ces deux énergies.

Pour bien comprendre la psychologie universelle, il est **essentiel** d'établir une nette distinction entre les deux langages. Les différences fondamentales entre ces deux langages seront développées en 7 thèmes principaux :

– l'idée

– le présent

– l'équilibre

– l'analyse

– l'expression

– le développement des sens

– l'amour

Chacun de ces thèmes principaux se divise en plusieurs titres qui parfois se subdivisent en sous-titres.

Pour distinguer et expliquer les différences entre ces deux langages, la manière de procéder est la suivante :

– développement du thème principal

– titre

– énergie auditive - énergie visuelle

– mise en situation dans la vie quotidienne

– comportement auditif - comportement visuel

– commentaires

– langage universel

Dans cet exposé, les textes décrivant l'**Énergie auditive** et l'**Énergie visuelle** représentent ces deux énergies à l'état brut (100 %).

L'idée

L'idée est Une et universelle.

Une idée est formée d'une pensée et d'une image.

La pensée et l'image

Le secret de la compréhension des langages réside dans cette première différence : l'une des énergies pense et l'autre «image[1]».

La **pensée** est attribuée à l'énergie auditive et l'**image** à l'énergie visuelle.

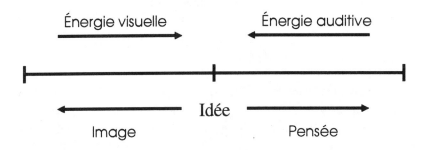

Figure 2
L'idée

---

1. Étant donné qu'il n'existe aucun verbe décrivant l'action faite par une personne d'énergie visuelle lorsqu'elle se sert de l'image, par rapport à la personne d'énergie auditive qui se sert de la pensée pour «penser», je crée le verbe «imager».

L'énergie auditive agit selon la pensée et l'énergie visuelle réagit selon les images.

L'auditif imagine les faits par la pensée tandis que le visuel image les faits par des images.

L'auditif développe son énergie pensante, la pensée.

À 100 %, la personne d'énergie auditive pense sans imager.

Le visuel développe son énergie imagée, l'image.

À 100 %, la personne d'énergie visuelle image sans penser.

Pour qu'une idée soit complète et harmonieuse, vous devez penser et imager.

Dans le processus de développement d'une idée, la pensée et l'image suivent d'abord deux chemins différents pour finalement se rencontrer et se réunir afin de former une nouvelle idée.

Le processus de développement d'une idée est comparable au développement d'un film. Dans une première étape, l'objectif de la caméra fixe un ensemble d'éléments qui s'impriment sur une pellicule. Ensuite, sa transformation se fait en plusieurs étapes pour obtenir un négatif. Enfin, celui-ci est inséré dans une visionneuse pour devenir une photo.

L'énergie auditive, par la pensée, capte l'idée dans son ensemble, tout comme la caméra fixe l'ensemble des éléments sur une pellicule.

La pensée, d'abord abstraite, se développe peu à peu grâce à la réflexion jusqu'à former une image floue, comparable à celle qui apparaît sur un négatif.

Puis, l'énergie visuelle, par l'image, poursuit le mouvement. Un négatif mis en réserve est projeté sur un écran intérieur : aussitôt une image surgit, car l'image est concrète. Dans ces conditions, la projection des images se fait rapidement.

La pensée se développe plus ou moins rapidement, car elle se compose parfois d'une multitude de détails selon le projet et la qualité exigée.

Le mouvement de l'énergie auditive combiné à celui de l'énergie visuelle se perpétue dans un mouvement harmonieux et continu, ce qui permet d'obtenir une idée parfaite.

Il faut d'abord développer une pensée avant d'obtenir une image, comme il faut d'abord développer un film pour obtenir une photo.

Dans chaque être humain, combien de pellicules n'ont-elles pas été développées et combien de négatifs n'ont-ils pas été visionnés à l'état conscient ?

Dans chaque couple, combien de réalisations sont-elles restées à l'état de projets ?

• Une conversation

Énergie auditive

La personne d'énergie auditive pense, c'est-à-dire qu'elle développe sa pensée en pensant.

Énergie visuelle

La personne d'énergie visuelle image, c'est-à-dire qu'elle sélectionne et projette des images sur son écran intérieur en imageant.

Mise en situation

Un compliment

Comportement auditif

Pour l'auditif, une pensée doit être développée avant d'être exprimée.

Comportement visuel

Pour le visuel, une image doit être introduite avant d'être visionnée.

Commentaires

L'auditif, lors d'une conversation, ne répond pas immédiatement lorsqu'une personne l'interroge parce qu'à ce moment-là, il réfléchit.

Le visuel s'exprime rapidement, subito presto, parce qu'il le fait suivant l'image aperçue.

Dans une conversation, l'auditif semble ne pas réagir alors que le visuel s'attend à une réaction immédiate de sa part. Ce qui ressemble à de l'indifférence est un temps de réflexion que l'auditif s'accorde afin de répondre adéquatement.

Dans une conversation, le visuel semble prendre trop de place, car l'auditif s'attend à ce qu'il fasse des pauses. Cette attitude du visuel, causée par une succession rapide d'images projetées sur son écran pendant une conversation, paraît envahissante à l'auditif.

Auditif, contrairement au visuel qui perçoit une image précise, vous **imaginez** vos projets en pensée, dans une vision globale, sans toutefois apercevoir d'images précises, comme celles qui s'impriment sur une pellicule. Puis vous développez votre pensée comme pour obtenir un négatif. **En apparence**, auditif, vous semblez inactif, mais en fait, vous vous activez intérieurement en réfléchissant. Ce n'est qu'une fois le plan exécuté matériellement que vous êtes en mesure d'apercevoir extérieurement le résultat de votre pensée, dans une vision globale ou détaillée.

Visuel, introduire des négatifs dans une visionneuse se fait plus rapidement que développer un film. Il n'y a qu'une étape à franchir pour les insérer. Voilà d'où vous vient votre habileté à répondre rapidement, car vous exprimez le moindre détail aperçu sur la photo. Si vous êtes devant un sujet ou un objet inconnu, vous sélectionnez, dans votre réserve, le ou les négatifs qui s'en rapprochent le plus. Si vous devez compléter les images, vous avez recours à un dictionnaire, une encyclopédie, etc.

Forcer un auditif à exprimer sa pensée et ses sentiments immédiatement et extérieurement, à la vitesse d'un visuel, c'est l'obliger à exposer son film à la lumière avant son développement. Vous l'empêchez de franchir les étapes requises avant la visualisation des photos.

Forcer subitement un visuel à réfléchir, c'est lui enlever d'un coup ses photos, ses images.

Exemple :

Une visuelle désirant faire un compliment à un auditif qui a coupé la barbe qu'il portait depuis longtemps lui dit : «Tu as l'air propre depuis que tu as coupé ta barbe.»

Pour la visuelle, ces mots signifient qu'elle apprécie son nouveau *look*. Elle ne réfléchit pas aux mots qu'elle prononce et décrit la photo qu'elle voit, sans réaliser la portée de ses paroles envers l'auditif.

Pour l'auditif, cette remarque est une insulte. Dans son langage, comme il ne perçoit pas d'images, ces paroles signifient, après une rapide réflexion, qu'il avait l'air malpropre lorsqu'il portait la barbe.

Le conjoint de cette dame visuelle assiste à la scène. Dès qu'il le pourra, il lui fera les remarques suivantes, dans le but de l'amener à se questionner sur sa façon de réfléchir :

«Qu'est-ce que tu as pensé pour parler ou agir de cette façon? Tu ne réfléchis pas. Réfléchis donc avant de parler et d'agir.»

Pour un visuel, il est facile de comprendre les paroles spontanées de la visuelle, mais il en est tout autrement pour un auditif, qui utilise sa pensée et non une image.

Auditif, c'est une méprise de votre part de croire que le visuel fera la même réflexion dans une situation semblable à celle décrite ci-dessus. Étant donné que le visuel raisonne plutôt une situation, il n'arrive pas à la même conclusion que vous.

Les remarques du visuel, les vives réactions et les répliques de l'auditif peuvent faire l'objet de fréquentes incompréhensions ou de discussions animées.

Dans maintes occasions, vous serez en mesure de constater que le même scénario se déroule lorsqu'il s'agit d'un compliment, d'une remarque, etc.

Pour éviter cette situation d'incompréhension et pour y remédier, il faut changer sa façon de faire des compliments.

Exemple :

«J'aime ton nouveau *look*. J'aime ton gilet, etc.»

• Une création

La créativité est liée à la pensée et la reproduction à l'image.

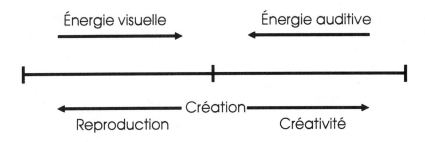

Figure 3
La création

Énergie auditive

La personne d'énergie auditive crée à partir du néant.

Énergie visuelle

La personne d'énergie visuelle reproduit à partir d'une image précise.

Mise en situation

Un tableau

Comportement auditif

L'auditif aime créer, inventer à partir de l'abstrait (pensée).

Comportement visuel

Le visuel aime reproduire à partir du concret (image).

Commentaires

L'auditif crée (sens créateur), car il a tout le potentiel pour créer.

Le visuel reproduit (sens reproducteur), car il a tout ce qu'il faut pour reproduire.

Auditif, si vous êtes artiste, vous créez vos tableaux.

Visuel, si vous êtes artiste, vous reproduisez une toile ou un modèle presque à la perfection.

Auditif, si on vous parle d'une pomme, le fait d'en avoir déjà vu une ne fait pas pour autant apparaître immédiatement l'image de la pomme; celle-ci demeure floue, comme un négatif. C'est la raison pour laquelle vous ne vous attardez pas à la description de son image. Dès que vous entendez le mot «pomme», vous pensez et vous énumérez ses qualificatifs, sans toutefois l'apercevoir. Parfois, vous allez jusqu'à en sentir l'odeur.

Visuel, dès qu'on vous parle d'une pomme, vous la décrivez avec facilité dans ses moindres détails et elle devient presque palpable, parce que vous l'avez déjà vue et que son image apparaît immédiatement sur votre écran intérieur.

Un auditif crée par la pensée, à partir du néant, sans percevoir d'images précises; il développe une idée jusqu'à sa réalisation concrète.

Un visuel, pour reproduire, part du concret. Il puise dans une banque de négatifs déjà visionnés qui représentent son passé et son savoir. Il utilise un de ces négatifs et une image apparaît clairement.

Auditif, vous êtes capable de reproduire si vous développez votre partie visuelle. Vous devez cultiver votre sens de l'observation pour imiter, car l'énergie auditive à l'état pur ne peut reproduire.

Visuel, vous êtes capable de créer si vous développez votre partie auditive. Vous devez apprendre à écouter pour développer vos sentiments intérieurs, car l'énergie visuelle à l'état brut ne peut créer.

Un auditif peut s'imaginer que le visuel crée parce que lui-même le fait. Lorsqu'il s'aperçoit que le visuel copie, il est déçu et ne comprend pas la raison de cet agissement.

Un visuel peut avoir tendance à croire que l'auditif copie parce que lui-même le fait. De ce point de vue, est-il en mesure de saisir le véritable sens créatif de l'auditif?

LANGAGE UNIVERSEL

Dans le langage universel, une idée parfaite est formée d'une pensée développée et d'une image imagée.

Sur le plan intérieur, développer ces deux énergies vous permet de vous réaliser en une création parfaite, tout en conservant votre identité.

Sur le plan extérieur, dans la vie courante, il est agréable de former un couple ou une équipe, que ce soit dans le travail ou dans les études, tout en conservant son identité.

L'union de la pensée et de l'image se fond en un tout harmonieux pour former une idée parfaite.

Le présent

Le présent est composé de l'espace et du temps.

L'espace et le temps

L'espace est vaste et indéfini; il se situe dans la globalité.

Le temps est précis et défini; il se situe dans le détail.

Le temps est formé du passé et du futur.

Par la **pensée**, la personne d'énergie auditive vit dans le **futur**, l'**espace** et la **globalité**, tandis que par l'**image**, la personne d'énergie visuelle vit dans le **passé**, le **temps** et le **détail**.

Si deux personnes d'énergie différente maintiennent leur mode de fonctionnement à l'état pur et sans mélange, elles vivent à l'opposé l'une de l'autre. Cette manière d'agir ne permet pas à ces deux énergies de se rencontrer.

La **fusion** de l'énergie auditive et de l'énergie visuelle unit le passé au futur et le temps à l'espace. Elle forme ainsi le **temps présent**.

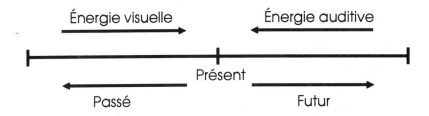

Figure 4
Le présent

Dans le langage de ces deux énergies, il faut tenir compte de l'espace et du temps, comme vous le constaterez dans les mises en situation suivantes :

- une rencontre

- un travail

- la planification

- l'improvisation et la disponibilité

- la préparation d'une journée

• Une rencontre

Énergie auditive

La personne d'énergie auditive vit dans le futur.

Énergie visuelle

La personne d'énergie visuelle vit dans le passé.

Mise en situation

Un échange lors d'une rencontre

Comportement auditif

L'auditif dira :

«Bonjour! Comment ça va? Que prévois-tu faire aujourd'hui?»

Comportement visuel

Le visuel dira :

«Bonjour! Comment ça va? Qu'as-tu fait hier?»

Commentaires

L'auditif vit dans le futur pour le plaisir d'imaginer, de créer. Il est motivé par de nouveaux projets.

Le visuel vit dans le passé pour le plaisir de le revivre en images, car il s'y sent à l'aise.

Auditif, vos conversations, vos activités, vos projets sont orientés vers le futur, car vous êtes dans votre élément.

Si vous pensez ou parlez du passé, c'est dans le but d'analyser les événements afin d'améliorer le futur, car vous créez continuellement.

Visuel, vos conversations, vos activités et vos projets sont orientés en fonction du passé.

Si vous imagez ou parlez du futur, c'est pour «**pré**voir» et anticiper la situation, afin de la vivre comme du déjà vu le moment venu.

Dans le quotidien, lorsqu'une des deux personnes fait allusion au passé ou au futur, l'auditif dit au visuel, pour le ramener au présent :

«Laisse donc le passé.»

Par contre, le visuel dira à l'auditif, pour le ramener au présent :

«Reviens les pieds sur terre.»

Pour chacune de ces deux énergies, les souvenirs du passé prennent un sens différent. L'auditif, par son écoute, en a capté et retenu l'idée globale, tandis que le visuel, par sa vision, en a fixé et gardé l'image.

• Un travail

Énergie auditive

La personne d'énergie auditive développe la pensée. La pensée situe l'auditif dans l'espace, et dans l'espace, le **temps** n'existe pas.

Énergie visuelle

La personne d'énergie visuelle fixe l'image. L'image situe le visuel dans le temps, et dans le temps, l'**espace** n'existe pas.

Mise en situation

Exécution d'un travail

Comportement auditif

Lorsque l'auditif effectue un travail ou lorsqu'un travail lui est demandé, il prend parfois des semaines, des mois, voire des années à le concevoir (pensée-espace).

Comportement visuel

Lorsque le visuel effectue un travail ou lorsqu'un travail lui est demandé, il aimera l'exécuter dans les plus brefs délais (image-temps).

Commentaires

Si on demande à l'auditif d'effectuer un travail manuel, il évalue rapidement le temps nécessaire à sa réalisation, sans toutefois passer immédiatement à l'action.

Si on demande au visuel un travail, il espère le faire le plus rapidement possible, sans avoir calculé le temps requis pour l'accomplir.

Auditif, votre temps de réflexion est indéterminé (espace). Pour vous, il est important de rassembler tous les éléments avant de commencer un travail. Vous le planifiez d'abord, tout en réfléchissant aux matériaux nécessaires à sa réalisation. Cela peut prendre des semaines, des mois. Il suffit qu'un élément vous manque pour ne pas passer à l'action.

Vous avez parfois besoin de l'aide du visuel pour vous ramener dans le temps et commencer ce travail.

En accomplissant votre travail, vous vous arrêtez parfois en cours de route, de façon naturelle. Si vous vous accordez un moment, c'est pour réfléchir à nouveau, car il vous manque des éléments pour continuer.

Un visuel non averti perçoit souvent cette attitude comme de la négligence et peut causer chez lui une vive réaction.

L'auditif peut avoir à nouveau besoin de l'aide du visuel pour être ramené dans le temps et terminer le travail amorcé.

Visuel, avant l'exécution d'un travail, vous avez parfois besoin de l'aide de l'auditif pour évaluer le temps, élaborer un plan et évaluer les matériaux nécessaires à son exécution.

Vous commencez dès que vous avez le plan et les matériaux requis. Une fois le travail débuté, vous poursuivez vos images sans répit jusqu'à la formation complète de celle qui a motivé la réalisation.

Parfois, vous agissez sur le coup d'une impulsion et ne voyez pas la nécessité de réfléchir et de prévoir un plan avant d'entreprendre un travail. Vous suivez vos images, peu importe le résultat.

Un auditif non averti perçoit souvent cette attitude comme un manque de maturité et de sérieux.

Le visuel a besoin de l'aide de l'auditif pour être ramené dans l'espace et pouvoir s'arrêter et réfléchir à tout ce qui pourrait améliorer son projet.

• La planification

Énergie auditive

La personne d'énergie auditive planifie.

Énergie visuelle

La personne d'énergie visuelle propose.

Mise en situation

Une activité

Comportement auditif

Pour l'auditif, il est important d'avoir des projets. Chaque événement de sa journée est pour lui une occasion de planifier.

Comportement visuel

Pour le visuel, il est important de proposer. Toute image et tout souvenir aperçus peuvent devenir une suggestion.

Commentaires

Lorsqu'un auditif s'engage dans une activité ou lorsqu'un visuel lui demande de partager une activité, il aime savoir à l'avance combien de temps elle durera.

Cette demande a pour seul but de regrouper tous les éléments concernant cette activité, afin de planifier son temps. Ce n'est pas d'un contrôle qu'il s'agit, comme le pense la plupart du temps le visuel.

Peu importe le travail, l'activité ou le loisir, le temps est précieux pour un auditif. Généralement, lorsqu'il sait à quoi s'en tenir, il est très patient.

Le visuel, lui, en parlant, en feuilletant ou en lisant, verra apparaître une image précise (par exemple, un manteau) qui pourra faire naître le désir d'action (magasinage). L'auditif apprécie ses suggestions, car elles lui donnent l'occasion de planifier.

Exemple :

Une visuelle propose à son conjoint auditif de sortir pour magasiner. Immédiatement, celui-ci réplique : «Combien de temps prévois-tu pour le magasinage?» Elle répond : «Je ne sais pas.»

Lorsque l'auditif demande : «Est-ce que cela va être long?» ou «Pourquoi, qu'est-ce que tu veux faire là?», la visuelle, au lieu d'être sur la défensive, devrait se rappeler que ces questions sont posées par l'auditif dans le seul but de planifier son temps.

Si cette interrogation apparaît comme une insulte à la visuelle, brouille les cartes et freine son désir d'action, c'est parce qu'elle considère ces questions comme un contrôle exercé par son conjoint auditif. Comme elle ne trouve pas important de lui répondre, il n'obtient pas de réponse.

À ce moment-là, si l'auditif accepte de l'accompagner, la visuelle, par précaution, évitera de lui donner des renseignements précis, cherchant ainsi à amoindrir ou à éliminer une discussion.

Si la visuelle a plusieurs emplettes en vue, elle en énumérera seulement quelques-unes, espérant s'en tirer à bon compte.

Mais pendant ce temps, les heures s'écoulent et le conjoint auditif attend et s'impatiente. Il est sur le qui vive et cette tension l'empêche de réfléchir et de planifier.

Dans cette situation, d'après les renseignements reçus, le magasinage devrait se terminer rapidement; mais s'il se prolonge, l'auditif ne peut pas planifier son temps. Il croit que sa conjointe fait exprès de le faire attendre et de lui faire perdre son temps. Il a l'**impression d'être manipulé**, ce qu'il n'apprécie guère et l'offense au plus haut point.

Visuel, il s'agit tout simplement d'informer l'auditif du nombre d'heures ou du temps que durera votre activité. Selon sa disponibilité et s'il lui est possible d'insérer ce laps de temps dans son horaire, il vous accompagnera avec plaisir; sinon, il vous suggérera d'aller magasiner avec quelqu'un d'autre. S'il dispose d'un certain temps, il se fera même une joie de vous planifier une surprise, comme par exemple, un souper ou une autre sortie tout aussi agréable.

Auditif, lorsque le visuel vous donne une durée approximative, prévoyez du temps supplémentaire afin de ne pas vous stresser. Vous aurez ainsi le loisir de parcourir les magasins en toute quiétude ou de jongler avec le temps en attendant que le visuel ait terminé son magasinage.

Visuel, si, à votre tour, vous désirez magasiner l'esprit tranquille et sans craindre une scène à votre retour, donnez à l'auditif tous les renseignements demandés.

• Le magasinage

Contrairement à la croyance populaire, l'auditif aime magasiner, mais sa façon de le faire est différente de celle du visuel.

Auditif, lorsque vous magasinez, vous aimez, dans une vision globale, faire un survol rapide des magasins afin d'en voir le maximum et profiter d'une grande variété, quitte à revenir sur vos pas pour regarder en détail un article avant de l'acheter.

Visuel, tout en marchant, un objet attire votre attention; vous vous arrêtez, vous l'examinez un certain temps et, finalement, vous l'achetez, même s'il vous plaît plus ou moins. Vous continuez à parcourir les magasins et si un autre article vous convient davantage, vous l'achetez et retournez échanger le premier achat.

Les termes utilisés pour le magasinage sont différents pour l'un et l'autre.

Pour l'auditif, **aller magasiner** signifie faire des achats, tandis que **aller voir les magasins**, c'est flâner dans les magasins pour le plaisir de regarder le plus d'articles possible.

Pour le visuel, **aller magasiner** signifie s'offrir le plaisir de s'attarder dans les magasins pour regarder (lèche-vitrine) et prendre le temps d'admirer de plus près les étalages. **Pour**

faire des achats, il mentionnera qu'il désire aller magasiner pour s'acheter tel objet (vêtement, outil, etc.).

Exemple :

Durant la période de Noël, l'auditif qui désire admirer les décorations dira qu'il va **voir les magasins,** tandis que le visuel qui désire admirer les décorations dira qu'il **va magasiner**. Sur place, l'auditif voudra regarder l'ensemble du décor tandis que le visuel préférera s'attarder plus particulièrement à chacune des décorations.

Cette différence peut devenir une source de conflit dans le couple. Lorsque la visuelle dit qu'elle désire aller magasiner et qu'elle revient sans aucun achat, le conjoint auditif pense : «Elle ne sait pas ce qu'elle veut; elle m'emmène magasiner et n'achète rien. Elle ne me reprendra pas à son jeu pour me faire perdre mon temps.»

Dans l'esprit de l'auditif, le magasinage aurait dû se faire rapidement. Croyant à une indécision de sa conjointe, l'auditif hésitera à l'accompagner de nouveau.

De son côté, dans les mêmes circonstances, le visuel dit : «Quand nous allons magasiner, tu es toujours pressé.» Croyant à un désintéressement de l'auditif, la visuelle hésitera avant de demander à celui-ci de l'accompagner à nouveau.

En connaissant d'avance le but du magasinage, le choix d'y participer se fait librement.

Pour répondre à votre envie de magasiner, partez chacun de votre côté et fixez-vous un lieu de rencontre. De cette façon, vous serez tous les deux satisfaits.

La description de l'activité du magasinage s'applique à un tas d'autres activités. Dans maintes circonstances, vous aurez l'occasion d'observer de tels scénarios, qu'il s'agisse d'une visite au musée ou à une galerie d'art, d'une exposition, etc.

À la longue, ennuyé de répéter et de vivre les mêmes frustrations, l'auditif préférera rester à la maison, et le visuel sortir seul.

Auditif et visuel, si vous ne faites pas l'effort de traduire le langage de l'autre, des conflits surgiront.

En cherchant l'un comme l'autre à éviter des prises de bec, vous vous privez de la compagnie agréable de votre conjoint.

• L'improvisation et la disponibilité

Énergie auditive

La personne d'énergie auditive est souple.

Énergie visuelle

La personne d'énergie visuelle est stricte.

Mise en situation

Préparation d'un repas

Comportement auditif

L'auditif s'informe à l'avance ou dans l'immédiat de la disponibilité de l'autre pour planifier ou improviser sur-le-champ une activité.

Comportement visuel

Le visuel ne perçoit pas l'importance de s'informer de la disponibilité de l'autre et n'improvise pas, car il **pré**voit à l'avance une activité (il se voit en train de la faire).

Commentaires

La question de l'auditif : «Est-ce que le souper est prêt?» a pour seul but de s'enquérir du temps qu'il dispose avant de se mettre à table afin de combler ce laps de temps.

Si le visuel pose la question suivante : «Est-ce que le souper est prêt?», c'est qu'il espère voir la table mise et le souper prêt; c'est l'image retenue, car il a déjà **pré**vu une activité pour la soirée.

Quand l'auditif demande à sa conjointe si le repas est prêt, ce n'est pas pour la contrôler, mais pour gérer le temps qui lui reste avant de souper, car chaque minute lui est précieuse. Il aime utiliser ce temps libre pour accomplir une activité quelconque, un travail ou un loisir.

La visuelle peut croire que son conjoint lui reproche de ne pas avoir dressé la table et préparé le repas. Cela l'exaspère, la met sur la défensive et lui fait répondre d'un ton sec :

«Le souper n'est pas prêt.»

«Tu ne vois pas que je suis en train de le préparer?»

«Si tu n'es pas content, tu n'as qu'à le préparer toi-même.»

«Je n'ai pas que ça à faire.»

De plus, croyant que son conjoint cherche à la contrôler, elle énumère ce qu'elle a fait durant sa journée.

La vive réaction de sa conjointe laisse l'auditif déconcerté et bouche bée, car la question qu'il avait posée revêtait un sens bien différent pour lui.

Irrité, l'auditif peut penser ou répondre : «Ne me raconte pas ta vie» et ajouter parfois : «Je veux juste savoir dans combien de temps le souper sera prêt.»

Sans le mentionner, l'auditif, dans la globalité, pense : «Quelle mouche l'a piquée? Quelle sorte de journée a-t-elle passée? Elle n'est pas de bonne humeur aujourd'hui et de plus, elle essaie de m'en rendre responsable.»

La visuelle aura oublié l'incident après le souper, car elle change rapidement d'images; elle passe à autre chose et cet incident devient un fait isolé.

Pendant ce temps, l'auditif développe son film en regroupant les éléments de cet incident. Il n'apprécie guère la façon dont il a été apostrophé, sans aucune raison valable selon lui.

Si, à ce moment-là, la visuelle désire établir un dialogue sur un autre sujet, son conjoint, lui, n'est pas forcément disposé à discuter, car il est encore dans le même sujet. À tort, cette attitude est souvent prise pour de la rancune. (Rappelez-vous que l'exemple donné s'applique aussi pour le couple formé d'une auditive et d'un visuel.)

Le fait de comprendre le sens de la question ou de comprendre la réaction de l'autre vous permet de remédier à cette situation.

Auditif, lorsque vous demandez : «Est-ce que le souper est prêt», empressez-vous d'expliquer la raison de cette demande, c'est-à-dire votre désir de mieux gérer votre temps.

Exemple :

«Est-ce que le souper est prêt? Sinon je vais lire le journal, prendre une douche en attendant, etc.»

Si un visuel vous demande de préparer un repas pour une heure précise, **lui** a planifié son temps à l'avance et espère apercevoir la table dressée et le repas prêt à l'heure annoncée.

Visuel, maintenant que vous comprenez le but de la question de l'auditif (mieux gérer son temps), donnez-lui l'information qu'il demande et, très vite, vous remarquerez la souplesse de l'auditif.

«Le souper sera prêt à telle heure.»

L'auditif dira sûrement :

«C'est très bien, j'ai le temps de faire...»

Si vous demandez à un auditif de préparer un repas pour une heure précise, donnez-lui-en la raison : votre horaire est **pré-vu** et rempli à l'avance.

Ce scénario se prête à un tas d'autres événements quotidiens.

À tout moment de la journée, l'auditif peut s'informer de la disponibilité de sa conjointe par une question semblable : «Qu'est-ce que tu fais?» Quand l'auditif pose cette question à l'improviste, c'est soit pour planifier une activité, soit pour demander de l'aide, soit qu'il a une proposition à faire.

Ce n'est pas pour savoir ce que sa conjointe fait au moment où il lui pose cette question, puisqu'il la voit et le sait, ce n'est ni pour la contrôler ni lui faire des reproches, mais pour connaître sa disponibilité et pour avoir l'heure juste.

Pour la visuelle, dans son langage, cette question signifie : «Dis-moi ce que tu es en train de faire.» C'est la raison pour laquelle cette question inattendue la surprend, ne lui semble pas à propos et lui paraît dépourvue de sens. Si elle regarde la télévision et que son conjoint lui demande : «Qu'est-ce que tu fais?», c'est comme s'il lui demandait : «Regardes-tu la télévision?» D'où sa réponse : «Tu le vois bien, je regarde la télévision.»

À son tour, l'auditif répond : «Je le sais, ce n'est pas ça que je te demande.» Il ne comprend pas la réaction de sa conjointe et n'apprécie guère cette situation. Il n'a pas reçu son renseignement, mais il est surtout dérouté par son attitude, car il se sent rabroué. Dans son langage, il ne faisait que s'informer de sa disponibilité, par prévenance et gentillesse.

• La préparation d'une journée

Énergie auditive

La personne d'énergie auditive planifie sa journée dans la globalité.

Énergie visuelle

La personne d'énergie visuelle remplit sa journée dans le détail.

Mise en situation

Une journée

Comportement auditif

Le matin, dès son lever et dans le silence, l'auditif prépare cette nouvelle journée dans sa globalité.

Comportement visuel

Le matin, dès son lever, le visuel est dans l'action, car il a déjà prévu sa journée la veille, dans ses moindres détails.

Commentaires

Le matin, l'auditif, assis dans son fauteuil ou déjà en action, silencieux et plongé dans ses réflexions paraît, pour sa conjointe qui l'observe, de mauvaise humeur, lent à démarrer et paresseux.

Le matin, dès son lever, la visuelle est dans l'action. À son conjoint qui l'observe, elle semble de mauvaise humeur, énervée et pressée.

Auditif, vous êtes à l'aise dans l'improvisation. Le matin, vous préparez une partie de votre horaire dans sa globalité et l'autre partie se dessine au fur et à mesure que la journée avance.

Visuel, vous êtes à l'aise dans le connu, le familier. La veille, juste avant de vous endormir, vous avez préparé la journée à venir dans ses moindres détails, en la remplissant d'une multitude d'images correspondant au travail prévu, sans toutefois avoir calculé le temps requis pour l'accomplir et pouvoir respecter l'horaire établi.

Auditif, votre manière habituelle de procéder vous convient parfaitement, car vous aimez improviser. De cette façon, vous vous situez dans le futur. Si un événement survient, vous avez du temps libre pour cet imprévu.

Visuel, cette façon de procéder vous rassure, car en **pré**voyant les événements, vous apprivoisez le futur. Et lorsque vous vivez l'un de ces événements, il est en quelque sorte connu et apprivoisé, comme s'il faisait déjà partie du passé.

Auditif, à maintes reprises, durant la journée, vous vous arrêtez pour réfléchir à nouveau. Devant votre apparente inactivité, votre conjointe croit que vous paressez et peut vous imposer son horaire ou vous en établir un. Dans cette situation, vous vous sentez coincé, car vous n'avez plus d'espace pour improviser.

Visuelle, vous ne vous arrêtez pas, car votre but est de terminer toutes les activités prévues à votre horaire. Votre conjoint, pensant que vous entreprenez trop de travail, peut vous suggérer de vous asseoir pour vous reposer. Cela vous agace au plus haut point et être assise sans occupation vous donne l'impression de perdre votre temps, car vous imagez tout ce qui vous reste à faire.

Auditif, si on vous impose une activité sans vous donner le temps d'y réfléchir, vous serez momentanément tendu, car c'est comme si votre film était exposé subitement à la lumière.

Visuelle, si, le lendemain, un imprévu survient, vous devenez instable parce que premièrement vous êtes face à l'inconnu, à du non-**pré**vu, le futur et que, deuxièmement, vous devez coûte que coûte finir le travail prévu, peu importe l'heure à laquelle vous terminerez. De plus, si votre conjoint reporte une activité prévue, vous êtes déçue, dérangée, car vous croyez qu'il ne tient pas ses promesses.

LANGAGE UNIVERSEL

Dans le langage universel, vous vivez au présent, en naviguant dans l'espace par la pensée et en fixant le temps avec l'image.

Dans l'accomplissement d'un travail, vous pouvez être seul puisque vous avez développé les deux énergies essentielles pour atteindre le but, mais il est toutefois agréable de former une équipe auditive et visuelle, intérieure comme extérieure.

L'union conjuguée de l'énergie auditive et de l'énergie visuelle donne comme résultat un horaire souple et flexible, du temps pour travailler et des moments libres pour relaxer.

L'équilibre

Le principe de l'équilibre se situe entre l'intériorisation et l'extériorisation.

L'intériorisation et l'extériorisation

Lorsque vous observez attentivement les gens autour de vous, cela vous permet de distinguer deux comportements différents, l'un intériorisé et l'autre extériorisé.

Le monde de l'énergie auditive est **intérieur**, c'est donc dire que l'énergie est ressentie de l'intérieur avant d'être exprimée.

Ce comportement semble mystérieux au visuel.

Le monde de l'énergie visuelle est **extérieur**, c'est donc dire que l'énergie est exprimée ouvertement, au grand jour, avant d'être intériorisée.

Ce comportement semble bizarre à l'auditif.

L'auditif ressent des sentiments qui se traduisent par de la **sensibilité, intérieurement**.

Le visuel exprime des sensations qui se traduisent par des **émotions**, à **haute voix**.

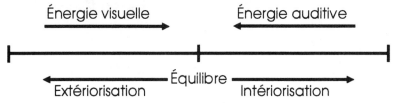

Figure 5
L'équilibre

Pour manifester leur désaccord, l'auditif et le visuel le font de deux façons différentes :

Si l'auditif claque la porte pour montrer son humeur, il ne sera pas compris par le visuel, parce que d'habitude, le visuel claque plus ou moins fortement la porte en la fermant.

Si le visuel se tait pour protester, la personne auditive n'attachera pas d'importance à son attitude, car l'auditif est souvent plongé dans de longues périodes de silence.

Si vous êtes visuel, dans votre manière **extravertie** (extérieure) de vous exprimer et selon le pourcentage de votre énergie développée, vous êtes soit modéré, soit très expressif, et tout se passe à l'extérieur.

Si vous êtes auditif, dans votre manière **introvertie** (intérieure) de vous exprimer et selon le pourcentage de l'énergie développé, vous êtes soit modéré, soit très expressif, mais à l'intérieur de vous.

À une personne de l'autre énergie qui vous observe, votre réaction naturelle peut apparaître comme un défaut ou une manie et laisser supposer un problème de comportement.

L'auditif, voyant la réaction spontanée du visuel dans sa façon extravertie d'exprimer ses émotions, le croit excité. Pensant lui rendre service, il lui demandera de «ressentir» ses sensations, de se taire, de se calmer et de modérer ses élans, en privé ou en public, lorsque celui-ci aura de grandes joies. Mais une émotion ne se ressent pas intérieurement, elle se vit extérieurement.

Le visuel, devant le manque de réaction de l'auditif dans sa façon introvertie de ressentir ses sentiments, le croit gêné, renfermé, rancunier. Le visuel, pensant lui rendre service, demande à l'auditif d'«exprimer» sa sensibilité ouvertement, à haute voix, à la manière du visuel. Mais la sensibilité ne s'exprime pas ouvertement, elle se vit intérieurement.

À la longue, l'auditif peut penser que le visuel ne l'aime pas, car en le privant de ressentir ses sentiments, il l'empêche d'être lui-même. Le visuel peut se priver d'exprimer ses sensations et croire l'auditif rabat-joie. L'auditif aussi bien que le visuel peut mettre fin à une belle relation de couple ou d'amitié sans que l'autre en connaisse la raison.

Une certaine tendance populaire laisse croire que l'auditif est «pogné». Il y a une différence entre être introverti et renfermé. Une personne renfermée a de la difficulté à s'exprimer et elle garde tout à l'intérieur d'elle-même. Cette attitude n'est ni équilibrée ni harmonieuse. Une personne introvertie intériorise d'abord avant de s'exprimer dans son langage. Cette attitude est équilibrée et harmonieuse.

Une autre tendance populaire laisse à penser que le visuel est «flyé». Il y a également une différence entre être extraverti et excité. Une personne excitée a de la difficulté à se calmer et elle extériorise tout, en parlant sans cesse. Une personne extravertie s'extériorise dans son langage pour ensuite intérioriser. Cette attitude est équilibrée et harmonieuse.

Que vous soyez auditif ou visuel, si on vous demande de vous exprimer à la manière de l'autre, vous ressentirez un sentiment d'inconfort.

Quand il reçoit un cadeau, le visuel très expressif saute au plafond; l'auditif très expressif saute aussi au plafond, mais **à l'intérieur** de lui-même. Il reste figé sur place et aucun sentiment ne paraît.

Le visuel, devant le manque de réaction apparente de l'auditif, croira à de l'indifférence. Dans l'attente d'une réaction, il dira probablement :

«Est-ce que tu aimes ton cadeau?»

«Montre-le-moi, réagis.»

Devant l'insistance du visuel et pour lui faire plaisir, l'auditif peut parfois démontrer son appréciation. Mais cette démonstration extérieure immédiate vient gâcher les moments privilégiés de joie qu'il ressent et cela pourrait mettre fin à tout désir de recevoir un cadeau ou d'être fêté.

À son tour, l'auditif, devant la réaction spontanée du visuel, sera porté à croire que celui-ci manque de sincérité parce qu'il en met trop. Ne comprenant pas la réaction du visuel, il lui demandera de modérer ses élans, qu'il s'agisse d'un cadeau, d'une rencontre ou d'un quelconque événement. Il en résultera que le visuel pourra à la longue refouler ses émotions en se privant de les exprimer.

Forcer une personne auditive à exprimer immédiatement ce qu'il ressent à la manière d'un visuel équivaut à forcer un visuel à se taire lorsqu'il reçoit un cadeau.

La confidentialité

Souvent, sur le plan de la vie privée ou professionnelle, une personne est astreinte à la confidentialité.

Dans ce domaine comme dans bien d'autres, il y a eu exagération. Pour une personne très auditive, tout doit être tenu confidentiel et pour une personne très visuelle, tout peut être divulgué publiquement.

• La discrétion et le secret

Dans le langage courant, on a souvent associé le secret à la discrétion, mais garder un secret n'est pas forcément synonyme de discrétion.

On peut noter un fait intéressant par rapport au comportement des deux énergies et à la forme que prend la signification des mots «secret» et «discrétion».

Souvent, à tort, on affirme qu'une personne auditive est discrète et une personne visuelle, indiscrète.

Pour rendre justice à chacune des deux énergies, un changement s'impose dans l'interprétation et l'application de ces deux termes.

Énergie auditive

La personne d'énergie auditive est introvertie, secrète.

Énergie visuelle

La personne d'énergie visuelle est extravertie, publique.

Mise en situation

Vie privée

Comportement auditif

L'auditif vit dans un monde intérieur et pour lui, **tout** revêt un caractère secret.

Comportement visuel

Le visuel vit dans un monde extérieur et pour lui, il est normal d'étaler **tout** ce qu'il sait au grand jour.

Commentaires

Il est dans la nature de l'auditif de garder secret ce qu'on lui raconte, car il est introverti.

Il est dans la nature du visuel de tout raconter, car il est extraverti.

L'auditif n'aime pas exposer sa vie privée et professionnelle au grand jour. Pour la personne très auditive, **tout** prend un caractère secret : le moindre événement, la moindre conversation, etc.

Le visuel aime étaler les événements de sa vie privée et professionnelle. Pour la personne très visuelle, **tout** peut être révélé sur la place publique, même des détails de sa vie la plus intime.

Étant donné que l'auditif raconte rarement un événement concernant sa vie, c'est sous forme de confidence qu'il le fait : il choisit donc une personne fiable pour se confier. Il est très déçu lorsqu'il apprend que ses confidences n'ont pas été gardées secrètes et considère cela comme une trahison. Ne comprenant pas la réaction du visuel, il se sent trahi par celui-ci, qu'il juge bavard et immature dans sa façon d'agir.

Étant donné que le visuel relate spontanément les événements de sa vie comme s'il s'agissait de faits divers, il ne comprend pas la réaction de l'auditif lorsque celui-ci lui reproche d'avoir dévoilé une confidence; il se sent réprimandé, pris en défaut. Il le trouve pointilleux et cachottier pour des bagatelles.

Auditif, vous pensez que vos amis visuels sont comme vous et qu'ils respecteront vos confidences. Si vous avez un projet et si vous aimez ou devez en dévoiler une partie à un ami visuel, demandez-lui de le garder secret.

Visuel, si vous avez un projet, vous préférez peut-être le garder secret car vous croyez que l'auditif est comme vous et le dévoilera facilement.

Si l'auditif, généralement très réticent à raconter un événement de sa vie, le fait spontanément, c'est qu'il a un trop plein intérieur et qu'il cherche une aide pour retrouver son équilibre.

Si le visuel, habituellement à l'aise de raconter des événements de sa vie, devient renfermé, c'est qu'il utilise ce moyen pour informer son entourage de son malaise extérieur.

LANGAGE UNIVERSEL

Dans le langage universel, le principe de l'équilibre se situe entre l'intériorisation et l'extériorisation.

L'équilibre apporte le respect.

Quel que soit le moyen d'expression, il est facile de sélectionner ce qui doit être divulgué ou gardé secret.

L'analyse

L'analyse est composée d'une réflexion et d'un raisonnement.

La réflexion et le raisonnement

Une réflexion est formée de pensées. Elle s'élabore à partir d'éléments abstraits.

Un raisonnement se compose d'images et de faits concrets.

Une réflexion est le résultat d'une pensée dont le développement conduit à une hypothèse, tandis qu'un raisonnement provient d'une révision sélective d'images qui conduisent à une logique.

Un ensemble de pensées incite à la réflexion et celle-ci conduit à une image et au raisonnement. Mais des pensées non contrôlées favorisent un excès d'imagination qui fait naître d'autres pensées qui peuvent mener à une fausse déduction.

La visualisation d'images provoque un raisonnement et le maintien d'une image amène une pensée qui permet la réflexion, mais la succession rapide d'une série d'images peut conduire à une fausse déduction.

La visualisation d'une image fixe amène une pensée qui permet la réflexion, mais la succession rapide d'une série d'images peut conduire à une fausse déduction.

Rappelez-vous le sens précis donné aux deux énergies. L'énergie auditive pense et l'énergie visuelle image.

Chez l'auditif, une image aperçue crée un ensemble de pensées. Chez le visuel, une pensée émise reproduit une série d'images.

Une analyse se harmonieuse inclut une réflexion et un raisonnement.

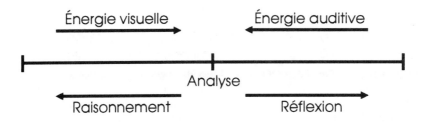

Figure 6
L'analyse

Le sujet suivant vous permettra de comprendre ce qu'est une analyse :

- **Un projet**

Énergie auditive

La personne d'énergie auditive réfléchit à un projet.

Énergie visuelle

La personne d'énergie visuelle raisonne un projet.

Mise en situation

Un projet

Comportement auditif

L'auditif réfléchit d'abord, en analysant la portée de son projet et en basant sa réflexion sur un ensemble d'éléments avant de répondre ou d'agir.

Comportement visuel

Le visuel «raisonne» un projet à partir d'une image aperçue qui entraîne la projection d'une série d'images le conduisant à la déduction d'un besoin.

Commentaires

L'auditif, lorsqu'on lui demande d'exécuter un travail, réfléchit. Ce temps de réflexion peut être de courte ou de longue durée.

Le visuel, lorsqu'on lui demande d'exécuter un travail, passe immédiatement à l'action sans prendre le temps de réfléchir.

Auditif, une demande que l'on vous fait devient pour vous un projet à développer.

Visuel, votre demande est motivée par un besoin et ce besoin se transforme immédiatement en une image. Celle-ci est suivie d'une série d'images qui se rapportent à votre demande.

Exemple :

Une visuelle demande à son conjoint de lui construire une garde-robe dans le garage. Dès que sa demande est faite, elle voit déjà clairement, comme une photo, la garde-robe finie et le linge bien rangé à l'intérieur.

Le développement de la pensée de l'auditif suit un trajet tout à fait différent de l'image du visuel.

Voici à quoi ressemble une réflexion auditive :

«Quel est le côté pratique d'une garde-robe, comment la réaliser, quels matériaux conviennent le mieux pour conserver le linge en bon état, etc.?»

Si, après mûre réflexion, il semble insensé à l'auditif de poursuivre et de réaliser la demande de sa conjointe, il ne jugera pas nécessaire de l'avertir du résultat de sa réflexion qui est :

«Dans un garage non chauffé l'hiver, l'humidité et le froid pourraient sérieusement endommager le linge.»

Par respect pour sa conjointe, il se tait, car il croit sincèrement qu'elle s'est fait la même réflexion et qu'en principe, elle est arrivée à la même conclusion que lui.

L'auditif réfléchit intérieurement :

«Tout comme moi, elle doit s'apercevoir que c'est insensé de placer du linge dans un endroit humide. Inutile de la ridiculiser davantage en lui disant que son projet est absurde.»

Si l'auditif ne peut combler les attentes de sa conjointe (endroit, coût du projet, temps), il est déçu de ne pas pouvoir faire plaisir et il ne fait que retarder le projet en espérant trouver une autre solution.

Suite au résultat de sa réflexion, il continue de chercher un endroit convenable pour faire la garde-robe.

Lorsque sa conjointe insiste pour poursuivre son projet, l'auditif croit qu'elle se moque de lui.

N'ayant pas réalisé que son projet était insensé, la visuelle peut parfois pousser sa démarche plus loin en demandant à un ouvrier de construire la garde-robe.

Dans cette situation, l'auditif se sent ridiculisé, humilié.

Visuelle, votre manière d'agir est différente de celle de votre conjoint auditif, car votre raisonnement est basé sur une image concrète et non sur une réflexion. Donc, vous espérez obtenir une réponse immédiate de votre conjoint, ou du moins dans de brefs délais. Puisque vous n'en recevez pas, vous considérez l'attitude de votre conjoint comme une preuve de négligence ou de mauvaise volonté.

Si par contre, devant votre insistance, celui-ci exprime le résultat de sa réflexion à voix haute, il le fait brièvement en ces mots :

«Ça n'a pas de sens.»

Si vous lui demandez pourquoi, il vous répond en étant convaincu que vous vous êtes fait la même votre réflexion que lui :

«Tu le sais bien.»

Vous n'êtes pas plus avancée, car vous ne le savez pas!

Cette réponse brève peut représenter pour vous une fermeture à vos idées et peut même vous laisser croire que l'autre est dominateur.

Auditif, vous comprenez la raison pour laquelle votre conjointe attend une réponse. Pour répondre à son attente, faites-lui savoir où en est votre réflexion. La visuelle a besoin de vos explications (détails) pour comprendre votre réflexion.

Visuelle, lorsque vous faites une demande à votre conjoint, donnez-lui un moment pour réfléchir. Si la réponse tarde, vérifiez-en la raison. Mais faites-le discrètement, en privé, pour éviter de le blesser. N'avez-vous pas tendance à profiter d'une réunion de famille ou d'une fête entre amis pour lui rappeler votre projet ou lui faire part de votre mécontentement?

Comme vous l'avez vu précédemment, l'auditif vit dans un monde intérieur. Il préfère se taire en public, car il est discret sur sa vie privée. S'il se tait en privé, c'est pour éviter une discussion orageuse, car il aime le calme par-dessus tout.

L'auditif aime faire plaisir et désire par tous les moyens concrétiser le projet en vue. Étant donné que le retard est causé par un élément manquant (la façon de le faire), il considère votre remarque comme un affront, et cela peut être une bonne raison de mettre fin au projet.

Visuelle, par ce genre de remarques citées ci-dessus, vous vous êtes peut-être privée à votre insu de sorties agréables, prévues (fêtes de famille) et imprévues (souper au restaurant). De plus, qui sait, votre conjoint avait peut-être pensé à vous faire une surprise agréable (fleurs, voyage, soirée au théâtre, etc.) sans le mentionner.

Dans cet exemple, l'auditif pensera de sa conjointe :

«Après toutes ces insultes, si elle croit que j'ai envie de lui faire plaisir!»

LANGAGE UNIVERSEL

L'analyse est le résultat harmonieux d'une réflexion et d'un raisonnement.

L'expression du langage

Le langage est une forme d'expression importante dans la vie courante.

La globalité et le détail

Le langage de l'**énergie auditive** se manifeste dans la **globalité**, la subtilité.

Le langage de l'**énergie visuelle** s'exprime dans le **détail** et le langage **direct**.

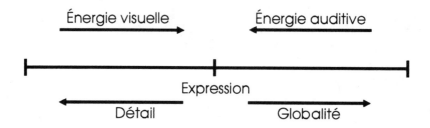

Figure 7
L'expression

Vous retrouvez la globalité, la subtilité, le détail et le langage direct de l'expression dans :

– le langage

– le dialogue

– le vocabulaire

– l'activité

• Le langage

Le langage est essentiel à tout échange et pour qu'il soit sincère et fructueux, vous devez l'établir sur des bases solides.

La traduction des langages auditif et visuel permet d'instaurer une nouvelle forme d'expression qui ouvre la voie à une compréhension parfaite et à un langage harmonieux.

Énergie auditive

Le langage de l'énergie auditive est vague, indéfini, exprimé dans un vocabulaire bref et concis.

Énergie visuelle

Le langage de l'énergie visuelle est volubile et diffus, exprimé dans un vocabulaire vague et indéfini.

Mise en situation

Un événement

Comportement auditif

L'auditif retient les éléments principaux d'un sujet pour exprimer celui-ci en une seule idée.

Comportement visuel

Le visuel retient **un élément** d'un sujet et développe sur cette base plusieurs idées principales.

Auditif

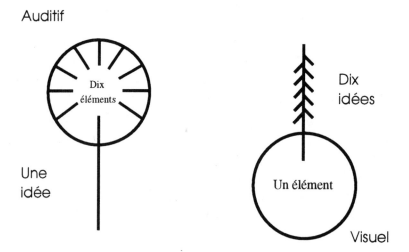

Figure 8
Les éléments d'un sujet

Commentaires

L'auditif s'exprime d'une manière claire et précise, mais le visuel trouvera l'explication trop courte ou trop vague.

Le visuel s'exprime d'une façon claire et précise, mais l'auditif considérera l'information comme trop longue ou trop détaillée.

Vous pourrez remarquer la nette distinction entre le langage auditif et visuel dans la situation suivante : le compte rendu d'un souper au restaurant par un homme auditif et par une femme visuelle.

L'homme auditif, de retour d'un souper d'affaires, dit à sa conjointe : «J'ai soupé dans tel restaurant avec un groupe d'amis et le repas était excellent.»

Pour lui, le résumé de son souper est complet; il n'y a rien à rajouter, car il relate tous les faits importants de son activité. Mais comme il ne s'en tient qu'à ce récit, sa conjointe visuelle reste sur son appétit. Pour satisfaire son besoin de détails, elle l'interroge sur cette sortie. Il l'imagine curieuse et jalouse, et a l'impression d'être l'objet d'une enquête.

Il pense qu'elle va trop loin et se tait. À ce moment-là, il donne à sa conjointe l'impression qu'il a des choses à cacher.

La visuelle, la journée suivante, se rend à un *party* de bureau. Voici son compte rendu : «Pour le souper, je me suis achetée une nouvelle robe, en vente dans tel magasin, j'ai rencontré une amie, la sœur d'une telle, etc.»

Cette visuelle raconte l'événement en détail, en suivant le déroulement des images concernant les préparatifs du souper. Comme son conjoint se tait, la visuelle, dans sa lancée, continue en ajoutant davantage de détails pour finalement changer plusieurs fois de sujets en suivant la projection de ses images.

À son conjoint qui l'écoute, le sujet semble décousu et sans rapport avec le souper au restaurant. Il dira de sa conjointe qu'elle parle pour ne rien dire, qu'elle passe du coq à l'âne.

En racontant sa sortie en détail, elle donne l'impression de broder, de mentir, d'avoir des choses à cacher. Son conjoint croit qu'elle manque de sincérité.

Examinez maintenant avec attention ces deux réactions opposées.

L'auditif pense à tout ce qui se rapporte à la soirée, mais le garde au niveau de la pensée. Après la soirée, il rassemble tous les éléments concernant le souper pour en faire un résumé.

La visuelle est préoccupée par son apparence extérieure et par le moindre détail de sa toilette, en espérant être à la hauteur. Après la sortie, elle décrit une à une les étapes qui ont précédé le souper.

Pour une situation précise, la manière de raconter les faits est différente. L'auditif dira ce qu'il a entendu et le visuel ce qu'il a vu. Là est toute la différence.

Étant donné que l'auditif relate brièvement les faits, certains visuels, trouvant que la narration manque de détails, sont portés à l'interrompre pour finir l'histoire à sa place. C'est très désagréable et insultant pour celui qui raconte.

• Le dialogue

Dès les premières pages de ce livre, avez-vous pris conscience de l'importance du sujet? Avez-vous réalisé qu'auparavant vous aviez peut-être vécu dans l'illusion?

Posez-vous la question suivante : dans le passé, sur la planète, si le langage de l'un était incompréhensible à l'autre, de réels dialogues ont-ils été établis? Sur quelles bases ces échanges ont-ils été fondés?

Comment peut-on définir un véritable dialogue? Le dialogue est un échange entre deux personnes qui parlent le même langage. Cet échange est ponctué de pauses qui permettent de réfléchir et de détails qui favorisent la formation d'images.

Quelle sorte d'échanges désirez-vous entretenir avec les autres? Vos conversations prennent-elles l'allure d'un dialogue (plaisir de converser avec une autre personne), d'un discours (parler pour parler) ou d'un monologue (tout simplement émettre votre opinion)?

Que représentent pour vous ces trois termes (dialogue, discours, monologue)? Le sujet serait intéressant à développer, car il est sûrement source de conflits.

Prenez-vous conscience que pendant des années, vous avez discuté avec des personnes qui s'exprimaient dans un autre langage que le vôtre? Les avez-vous comprises et vous ont-elles compris? Jusqu'ici, vos échanges ont-ils été des dialogues, des discours ou des monologues?

Le dialogue est une forme d'échange. Il est préférable au discours ou au monologue.

Énergie auditive

La personne d'énergie auditive s'exprime dans la globalité.

Énergie visuelle

La personne d'énergie visuelle s'exprime dans le détail.

Mise en situation

Une conversation

Comportement auditif

Lorsque l'auditif s'exprime, il rassemble les principaux éléments d'un sujet. Il en fait un résumé, une synthèse, ce qui donne lieu à un échange très bref.

Comportement visuel

Lorsque le visuel s'exprime, il sépare le sujet en plusieurs éléments pour faire de chacun de ces éléments un sujet principal. Il explique dans le détail, ce qui entraîne un échange volumineux.

Commentaires

La plupart du temps, l'auditif répond par une phrase courte, par un «oui» ou par un «non», ou encore par un signe de tête.

Mais quel étonnement pour un visuel de découvrir toute l'étendue des connaissances d'un auditif lorsqu'il lui donne l'occasion de développer sa pensée sur un sujet!

La plupart du temps, le visuel répond par de longues phrases, avec gestes à l'appui.

Comme il est agréable pour un auditif d'écouter le compte rendu d'un événement ou de voir un visuel animer une histoire! L'aisance avec laquelle il raconte est remarquable.

Si le dialogue du visuel devient un long discours, l'auditif le considérera comme une attaque verbale. Il s'en désintéressera rapidement car trop de données fusent en peu de temps, sans qu'il y ait suffisamment de pauses pour lui permettre de réfléchir. De plus, si l'auditif n'a pas étudié le comportement du visuel, il n'appréciera guère le fait de se faire insulter par le visuel qui fait la démonstration de son savoir.

Auditif, dans ces circonstances, vous préférez vous taire pour éviter un conflit et vous gardez vos distances.

Par contre, si vous adressez la parole au visuel, ce sera pour lui faire savoir ce que vous avez compris de son discours, c'est-à-dire que l'autre vient de faire étalage de son savoir en vous prenant pour un imbécile. D'un ton sec, vous lui direz :

«Pousse, mais pousse égal. Ne me prends pas pour un imbécile, etc.»

Bien sûr, ceci ne met pas en cause l'intelligence des personnes, car c'est seulement leur compréhension des faits qui est différente.

De part et d'autre, il y a des ajustements à faire pour développer une meilleure compréhension.

Visuel, portez une attention particulière aux paroles et à la réaction de l'auditif. Vérifiez-en la raison. Vous serez sûrement étonné.

Un auditif dira à un visuel :

«C'est pas pareil. Toi, tu es intelligent.»

«T'es bien fin.»

«Il y en a qui se prennent pour d'autres (le pape, le roi, le premier ministre, etc.).»

Pourquoi l'auditif réagit-il de cette façon? Parce que les nombreux détails deviennent pour lui une attaque verbale et ils l'empêchent de développer sa pensée. De plus, lorsqu'il pose une question, il désire recevoir une réponse courte et précise afin de réfléchir sur le sujet.

Ceci a donné naissance à ces expressions populaires :

«Arrive au fait.»

«Pour faire une histoire courte.»

«Accouche...»

Visuel, par ces remarques, l'auditif vous demande, dans son langage, d'arrêter de l'insulter et de le respecter. En aucun cas ces remarques ont pour but de vous contrôler.

Visuel, vous comprenez maintenant la raison pour laquelle l'auditif est sur la défensive.

Pour vous, donner des détails est votre manière naturelle de vous exprimer et non une attaque.

Ignorant la raison de l'attitude de l'auditif, vous continuez à vous exprimer de cette manière, car les détails vous sont nécessaires. Les informations recueillies vous permettent de vous former une image. Vous agissez selon votre énergie.

Lorsque vous discutez avec un auditif, vous attribuez sa manière brève de s'exprimer à de l'indifférence, un manque d'intérêt ou de l'incompréhension. Ces trois points peuvent peu à peu provoquer un repliement sur vous-même.

La visuelle dira de son conjoint :

«Il me surveille.»

«Il n'est jamais content.»

«C'est un rabat-joie.»

Pourquoi la visuelle réagit-elle ainsi? Parce qu'elle a toujours l'impression d'être prise en défaut par son conjoint et qu'il veut lui gâcher son plaisir.

En l'absence de son conjoint, la visuelle dira qu'elle profite de sa soirée, car elle peut s'amuser à son aise.

Lorsque vous vous adressez à un auditif, donnez-lui l'**idée globale** du sujet avant d'entrer dans les détails pour qu'il puisse y réfléchir. Essayez d'écourter vos explications. S'il a besoin de renseignements supplémentaires, il vous le demandera. Vous serez surpris de l'intérêt soudain que vous portera l'auditif.

Auditif, lorsque vous vous exprimez, vérifiez la réaction du visuel pour vous assurer qu'il a bien interprété vos paroles.

Développez davantage votre pensée pour que le visuel puisse se faire une image.

• Le vocabulaire

Parler dans la même langue ne signifie pas pour autant se comprendre puisque certains mots font l'objet d'une interprétation différente.

Dans une langue donnée, le vocabulaire utilisé par l'auditif et le visuel est le même, mais prend un **sens différent** pour chacun.

Dans le langage auditif, le fond est important et chacun des mots utilisés a un sens précis, tandis que dans le langage visuel, la forme est importante et c'est l'ensemble des mots qui lui donne son vrai sens.

Le passage d'une langue à l'autre nécessite une nouvelle manière de penser.

On pense différemment en anglais qu'en français.

Le passage d'un langage à l'autre (auditif-visuel) nécessite aussi une nouvelle manière de penser.

Le «pourquoi»

Énergie auditive

La personne d'énergie auditive interprète le «pourquoi» en terme de motif.

Énergie visuelle

La personne d'énergie visuelle interprète le «pourquoi» en terme de raison.

Mise en situation

Un travail spécifique demandé (installation d'une tablette)

Comportement auditif

Pour l'auditif, le «pourquoi» signifie : «Quel est le motif de ta demande?»

Comportement visuel

Pour le visuel, le «pourquoi» signifie : «Pour quelle raison me demandes-tu cela?»

Commentaires

Auditif, votre «pourquoi» sous-entend les questions suivantes :

«Quelle sorte de tablette désires-tu? Quelle en sera l'utilité?» (Le matériel choisi sera différent selon le besoin : bibelots, téléphone, objets lourds ou légers.)

Visuel, votre «pourquoi» est synonyme de :

«Pour quelle raison? Donne-moi la raison de ta demande, explique-moi la raison pour laquelle je te ferais une tablette.»

Dans l'exemple du couple (homme auditif - femme visuelle), si la visuelle demande à son conjoint de lui installer une tablette, la première réaction de celui-ci sera : «Pourquoi?»

Par cette question brève, la visuelle s'imagine qu'il met en doute son sens du jugement («As-tu réellement besoin d'une tablette?»). D'où sa réponse expéditive : «Si je te demande une tablette, c'est parce que j'en ai besoin.»

La vive réaction de la visuelle surprend l'auditif au plus haut point. Pourquoi? Parce qu'il n'est pas en train de mettre en doute le sens du jugement de sa conjointe. Il ne s'agit pas non plus d'un refus, comme elle serait portée à le croire. Cette question a pour seul but de trouver la meilleure manière de répondre à son désir.

Rappelez-vous que la visuelle suit le déroulement de ses images. Elle fait immédiatement une déduction (refus). C'est la raison pour laquelle elle répond sur la défensive :

«Laisse faire.»

L'auditif ainsi apostrophé est perplexe. Il pense : «Elle me demande une tablette, mais elle ne veut pas me donner les renseignements demandés.» Il se fait donc immédiatement la réflexion suivante : elle ne sait pas ce qu'elle veut.

Le «j'aimerais»

Le «j'aimerais» prend un sens différent selon qu'on soit auditif ou visuel.

Énergie auditive

La personne d'énergie auditive fait usage du «j'aimerais» pour un but futur.

Énergie visuelle

La personne d'énergie visuelle emploie le «j'aimerais» dans l'immédiat.

Mise en situation

Un voyage

Comportement auditif

Pour l'auditif, le «j'aimerais» exprime un souhait dans un avenir à court ou à moyen terme.

Comportement visuel

Pour le visuel, le «j'aimerais» exprime un désir immédiat, dans la plupart des cas.

Commentaires

L'auditif prend le temps qu'il faut pour réaliser un projet. Il en apprécie chaque étape, car chacune lui donne l'opportunité d'obtenir de nouveaux éléments pour développer sa pensée.

Le visuel espère voir son désir comblé immédiatement, car il voit son souhait en images et a hâte d'en profiter le plus rapidement possible.

Auditif, vous avez dû être étonné, déçu ou ravi lorsque, après avoir prononcé «j'aimerais», vous avez reçu immédiatement de votre conjointe ce que vous exprimiez comme un simple souhait.

Visuelle, vous avez dû être déçue, après avoir prononcé «j'aimerais», de ne pas obtenir rapidement de votre conjoint l'objet de votre souhait.

Exemple :

Un auditif dit à sa conjointe : «J'aimerais partir en vacances.»

L'auditif ne fait qu'émettre une idée vague (pensée - espace) et son choix n'est pas encore déterminé (endroit).

Mais dès le lendemain, la conjointe, agissant selon la manière de procéder de l'énergie visuelle, se fait un plaisir de répondre à cette demande. Elle entreprend des démarches auprès d'une agence de voyages pour obtenir des renseignements et pour préparer immédiatement le voyage. Toute heureuse, elle fait des réservations et achète les billets d'avion, sans en avoir parlé à son mari, toujours dans le but de lui faire une surprise.

Dès qu'elle le peut, elle lui fait part de ses démarches et lui téléphone à son travail pour partager sa joie.

L'auditif est très surpris de la prompte réaction de sa conjointe suite à la simple expression d'un souhait.

Il riposte : «Je ne t'ai jamais demandé de faire ça.»

Pour lui, le projet de vacances est vague, à l'état embryonnaire, et la rapidité à laquelle sa conjointe réagit expose trop tôt son film (projet de vacances) à la lumière, le brise et lui enlève du même coup toute envie de poursuivre son idée.

Visuelle, vous avez dû être déçue et parfois frustrée que l'on n'attache pas d'importance à vos désirs exprimés par «j'aimerais».

Exemple :

Une visuelle dit à son conjoint : «J'aimerais partir en vacances dans les Caraïbes.»

Sa décision est prise, son choix est fait (image - endroit) et la réalisation doit se faire dans les plus brefs délais (temps).

Pour l'auditif, ce n'est qu'un désir exprimé et non une action immédiate. Ce désir devient un projet à planifier. La lenteur avec laquelle il prépare le projet laisse croire à sa conjointe qu'il n'est ni dans l'action ni intéressé par ce voyage.

Exaspérée, elle réplique : «Quand je te fais une demande, tu n'en tiens pas compte.»

Les conséquences de cet incident gâchent le plaisir de chacun.

• Une activité

Une activité peut signifier un repas au restaurant, un voyage, l'achat d'une maison, etc.

Énergie auditive

La personne d'énergie auditive présente une activité de façon subtile.

Énergie visuelle

La personne d'énergie visuelle propose une activité d'une façondirecte.

Mise en situation

Une invitation

Comportement auditif

L'auditif propose une invitation sous forme de suggestion.

Comportement visuel

Le visuel propose une invitation de manière directe.

Commentaires

À trois reprises et à courts intervalles, un auditif dit à sa conjointe qu'il passera l'après-midi à un endroit précis avec un ami. Elle se demande pourquoi son conjoint insiste tant sur l'endroit où il passera l'après-midi.

Une amie auditive assiste à la scène, saisit le message de l'auditif et immédiatement après le départ de ce dernier, transmet ce message à la visuelle, au grand étonnement de celle-ci :

«Ton conjoint désire tout simplement que nous le retrouvions le temps d'une pause, selon notre disponibilité.»

En l'absence de son amie auditive, l'épouse visuelle n'aurait absolument pas compris le message et celui-ci serait passé inaperçu.

• Une proposition

Mise en situation

Une promenade

Comportement auditif

L'auditif fait une invitation de façon subtile.

Comportement visuel

Le visuel fait une invitation de manière directe.

Commentaires

Auditif, avant de revêtir votre manteau pour une promenade, vous invitez votre conjointe en ces termes.

«Je vais faire une promenade.»

Par ces mots, vous lui signifiez votre souhait de la voir vous accompagner.

De cette manière, vous la laissez libre d'accepter ou de refuser votre invitation et vous considérez qu'agir ainsi est une marque de respect.

Si vous désirez simplement la mettre au courant de votre promenade, vous prononcez les mêmes mots, mais seulement après avoir revêtu votre manteau ou la main sur la poignée de la porte.

Visuelle, votre invitation est directe.

«Je vais faire une promenade, je vais au restaurant : viens-tu avec moi?» Ou encore plus directement : «Habille-toi, on va au restaurant.»

À cause d'une incompréhension de langage, l'auditif qui reçoit une invitation à la manière visuelle la perçoit comme un ordre qui ne lui laisse aucune alternative ou comme un manque de délicatesse.

La visuelle se plaint parfois du manque d'attention et de communication de son conjoint. Elle dit de lui qu'il parle à mots couverts, par paraboles ou encore qu'il ne parle pas.

«Tu ne me parles pas, tu ne dis jamais un mot, on ne fait jamais rien ensemble, tu ne m'invites jamais.»

L'auditif répond :

«Je t'ai invitée à plusieurs reprises, mais lorsque je t'invite, tu n'attaches pas d'importance à mes propos ou à mon invitation puisque tu ne réponds pas.»

Encore une fois, l'auditif pense que sa conjointe le fait marcher et se moque de lui. De plus, si cette situation se répète fréquemment sur une longue période, un doute peut s'installer et forcer l'auditif à s'interroger sur sa propre mémoire : «Est-ce que je lui ai vraiment dit? Oui, pourtant...»

• Un achat

Mise en situation

L'achat d'une maison

Comportement auditif

L'auditif présente l'achat d'une maison de façon subtile.

Comportement visuel

Le visuel propose l'achat d'une maison directement.

Commentaires

Auditif, avant de commencer vos recherches pour l'achat d'une maison, vous vous enquérez de l'opinion de votre conjointe par une question brève, peu importe le moment ou la circonstance.

Exemple :

Lors d'une balade en auto, un auditif demande à sa conjointe : «Aimes-tu les vieilles maisons?»

Le monde imagé de la visuelle l'incite à regarder aux alentours pour repérer une maison de ce style. Comme elle n'en voit pas, elle se réfère à sa banque d'images, en trouve une d'une maison canadienne appartenant à un ami, et associe «maison canadienne» à «vieille maison». Elle répond alors : «Oui».

Pour vous, auditif, la réponse obtenue est importante, car elle oriente vos recherches. Cette réponse est le signal qui vous permet de rassembler tous les éléments concernant la maison désirée (le style, l'endroit, etc.) et de continuer la planification des étapes suivantes, tout en tenant compte des goûts de l'autre. De la première à la dernière, ces étapes vous stimulent, car elles vous permettent d'enclencher un mouvement de création.

Chacune de vos questions sont conséquentes et sérieuses, car chaque réponse ajoute un élément nouveau au projet et le fait progresser.

Votre question brève et inattendue surprend votre conjointe et ne lui semble pas à propos. Elle ne saisit ni le sérieux, ni l'importance ni le sens de cette question dans toute sa globalité.

La réponse de votre conjointe vous laisse supposer qu'elle a compris votre démarche. À son insu, elle vous oriente sur une fausse piste et selon l'indication reçue, vous continuez vos recherches.

Comme l'auditif aime bricoler, il adapte ses goûts à ceux de sa conjointe et poursuit sa recherche de maisons anciennes à rénover.

Visuelle, avant d'acheter une maison, vous feuilletez des magazines et visitez des maisons. Cette manière de procéder vous permet de réunir un ensemble d'éléments sous forme d'images. Dans l'action, axée sur le détail, vous suivez vos images, les sélectionnez une à une et arrêtez finalement votre choix sur un style de maison précis. Vous ne laissez aucune place à la créativité, car pour vous il s'agit d'un projet concret.

Ayant l'impression que votre conjoint n'agit pas et n'a aucun goût précis, vous prenez pour acquis qu'il aime ce que vous aimez et ne jugez pas nécessaire de vérifier quel type de maisons il aime.

À la suite de la réponse affirmative de sa conjointe visuelle, l'auditif cherche et trouve la maison rêvée. Tout heureux de partager sa trouvaille (maison ancienne), il lui en fait part. Déçue, la visuelle, qui ne se souvient pas de ses réponses antérieures, riposte vivement et proteste en manifestant son désaccord pour l'achat de cette maison, car elle n'obtient pas ce qu'elle désire réellement (maison canadienne).

Peiné, l'auditif se demande ce qu'il pourrait bien faire pour lui plaire et satisfaire ses goûts.

Insatisfaite, la visuelle se plaint de son conjoint en le disant incompréhensif et inattentif à ses besoins.

Dans toute situation, quand l'auditif parle, agit, questionne, s'amuse, plaisante, etc., il conserve toujours un côté sérieux, à cause de sa vision globale des choses, de son monde secret et de sa sensibilité.

Qu'importe le moment ou le lieu où il se trouve (en regardant à la télévision un film qui n'a aucun rapport avec les maisons, dans une soirée récréative, en train de faire une balade en voiture, etc.), lorsque l'auditif demande à sa conjointe si elle aime les vieilles maisons, c'est son côté sérieux qui ressort à cause de sa vision globale.

Pour le visuel qui parle, agit, questionne, etc., il y a un moment précis pour être sérieux et un moment précis pour s'amuser et plaisanter, à cause de sa vision détaillée des choses, de son côté social et de son émotivité.

Visuelle, lorsque votre conjoint vous pose une question, sa dimension globale peut être un piège pour vous. Vous ne vous doutez pas du sérieux de la question, et vous y répondez sans y attacher d'importance, juste pour le plaisir de converser.

Dans cette mise en situation, la visuelle aurait dû mentionner qu'elle aimait les vieilles maisons, sans forcément avoir envie d'en acheter ou d'en rénover une; elle aurait mieux renseigné son conjoint.

LANGAGE UNIVERSEL

Dans le langage universel, la globalité ou le détail et la subtilité ou l'expression directe installent l'équilibre en vous, enrichissent vos échanges et conduisent à la réalisation de vos plus beaux rêves à deux.

Le développement des sens

Les sens, don merveilleux de Dieu!

Avez-vous pris conscience de la manière dont vous touchez, sentez, regardez, écoutez et goûtez?

Le développement de tous les sens vous fait entrevoir l'horizon d'une dimension tout à fait nouvelle, d'un monde merveilleux. Cette découverte procure un plaisir inestimable.

L'ouïe et l'odorat appartiennent à l'énergie auditive tandis que la vue et le toucher appartiennent à l'énergie visuelle.

Le goût appartient aux deux énergies; l'auditif se délecte de l'arôme des aliments tandis que leur couleur est un régal pour le visuel.

Avez-vous déjà réalisé que toute personne auditive développe davantage l'ouïe et l'odorat, tandis que toute personne visuelle développe davantage la vue et le toucher?

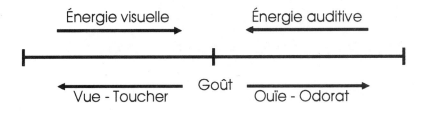

Figure 9

Les sens

Le langage gestuel

Le langage gestuel est un moyen d'expression qui comprend plusieurs facettes intéressantes :

– le geste

– le toucher

– la concentration

– l'action

• Le geste

Le geste est souvent utilisé par le visuel, et la plupart du temps ignoré par l'auditif. Pourquoi? Parce que celui-ci n'en connaît pas la signification et en ignore l'effet. Par conséquent, il n'en comprend pas l'importance et ne ressent pas la nécessité d'y avoir recours.

À l'occasion, l'auditif fera un geste dans **le seul but** de faire un geste. Dans le langage auditif, chaque mot revêt une signification bien précise, sans qu'il soit nécessaire de l'appuyer par un geste.

Énergie auditive

La personne d'énergie auditive ne gesticule pas.

Énergie visuelle

La personne d'énergie visuelle gesticule.

Mise en situation

Une conversation

Comportement auditif

L'auditif, au cours d'une conversation, semble désintéressé et amorphe (sans énergie) pour le visuel.

Comportement visuel

Le visuel, durant une conversation, par ses nombreux gestes, semble nerveux et excité pour l'auditif.

Commentaires

L'auditif fait peu de gestes; c'est dans sa nature. Parfois, il peut même les retenir.

Auditif, si vous êtes face à une personne qui gesticule beaucoup, vous la croyez nerveuse, énervée ou excitée; vous pensez qu'elle manque de sérieux dans sa façon d'agir et de s'exprimer; il n'en est rien.

C'est pourquoi vous lui posez la question suivante : «Pourquoi es-tu si nerveux?» ou lui faites cette réflexion : «Calme tes nerfs!»

Visuel, vous n'accordez pas d'importance à la question ou à la réflexion de l'auditif et vous êtes loin de vous imaginer ce qu'il peut penser de votre comportement.

Vous seriez porté à dire :

«C'est son affaire à lui de penser que je suis nerveux; pour ma part, je sais que je suis calme.»

Pour vous, il est dans votre nature de faire usage de gestes; ils sont essentiels à votre expression, car les gestes conjugués à vos paroles animent votre récit. Vous aimez l'action et dans une conversation, vous êtes porté naturellement à en faire beaucoup.

Visuel, en voyant l'auditif si peu gesticuler, vous croyez à une incompréhension de sa part et vous ajoutez plus de gestes et d'explications. Vous jugez nécessaire de répéter votre récit pour vous assurer d'être bien compris. Après tous vos efforts, comme l'auditif reste sans réaction apparente, vous croyez qu'il manque d'intérêt envers vous ou envers ce que vous dites et vous en déduisez que vous êtes indigne de son intérêt.

Un auditif qui ne sait pas faire la différence entre l'énergie auditive et l'énergie visuelle pourrait facilement se méprendre sur les gestes du visuel. En le voyant se démener de la sorte et, de surcroît, en l'entendant hausser le ton, il peut penser que le visuel manifeste le désir de se battre et le croire violent.

Visuel, pouvez-vous un seul instant vous imaginer l'effet que vous produisez sur l'auditif? Même s'il ne le manifeste pas, c'est une véritable attaque qu'il subit. Il peut éprouver de la colère et préférer s'éloigner plutôt que d'être violent. Il quitte les lieux sans avoir écouté la fin de votre discours.

L'expression populaire «les masses en l'air ou les baguettes en l'air», sûrement inventée par un auditif, vient de l'ignorance du comportement visuel. Les gestes amples du visuel poussent l'auditif à croire que l'autre est prêt à se battre.

Exemple :

Un homme auditif marié, pour se changer de l'atmosphère familiale, se rend dans une brasserie pour y boire une bière.

Un inconnu visuel s'approche de lui, lui parle d'une voix forte en faisant de grands gestes. (Le visuel aborde facilement un inconnu; c'est dans sa nature. Un auditif, lui, attend d'être présenté.) Croyant le visuel en colère, l'auditif, sur la défensive, lui répond d'un air sévère : «Je suis venu ici pour avoir la paix.»

Le visuel ainsi apostrophé est dérouté et s'éloigne. Ne comprenant pas la réaction de l'auditif, il revient pour s'excuser. L'attitude des auditifs peut paraître insensée et incompréhensible au visuel.

L'auditif, exaspéré, s'écrie alors : «As-tu compris? Va t'énerver ailleurs!»

Des situations de ce genre, vous pouvez en vivre ou en voir tous les jours.

Auditif et visuel, vous aimez tous les deux la compagnie, mais s'il n'y a pas de changement dans vos attitudes respectives, vous vous plaindrez de rester seul dans un coin.

C'est souvent tous ces malentendus qui engendrent l'incompréhension. Si cette attitude est maintenue, la situation peut s'envenimer et dégénérer.

Il m'apparaît important d'ouvrir une parenthèse à propos de la violence.

La violence

L'auditif, ne connaissant pas le langage visuel, ne sait pas que les gestes sont un moyen naturel utilisé par le visuel pour s'exprimer.

Le fait que le visuel gesticule beaucoup est **sûrement** à l'origine de la violence.

Devant les nombreux gestes du visuel, l'auditif, à tort, se croyant attaqué, est en état d'alerte, de panique et sur la défensive; se sentant agressé, il pare les coups et attaque pour se défendre. C'est sûrement un auditif qui a enclenché la première bataille de l'histoire!

Ce phénomène peut se présenter dans maintes occasions de la vie courante, chez des personnes de n'importe quels âge, sexe, statut, profession, nationalité, etc.

Poursuivons plus loin cette réflexion. Si une personne en vient à se battre. quelle en est la raison? Quelles sont les étapes qui l'ont conduite à la violence?

L'auditif, d'un tempérament doux et patient, méconnaissant le langage du visuel, se méprend et interprète les agissements de ce dernier (nombreux détails, voix forte, gestes amples, etc.). Cette méprise lui donne l'illusion de bien le connaître; il le croit énervé, excité, violent et bagarreur.

L'auditif, pour protéger sa grande sensibilité intérieure et tous les sentiments qui l'animent, se forge une carapace. Il baisse davantage le ton, parle le moins possible et se tient en retrait. Tout ce processus lui occasionne de longues périodes de stress vécues en silence, car sa vie est intime et secrète. Entretemps, il réfléchit à ce qu'il pourrait faire pour améliorer la situation et garde toujours l'espoir de trouver une solution à ce qu'il vit.

En dernier recours, si l'auditif décide de se confier, il choisit une personne fiable et discrète, espérant qu'elle puisse lui apporter une écoute attentive et l'aider à résoudre cette situation. Mais il vit souvent en retrait, ne se confie pas et réagit soudain violemment, car il ne peut plus supporter cette tension intérieure.

Le visuel au tempérament prompt et impulsif, par la méconnaissance du langage de l'auditif, se méprend et interprète les agissements de ce dernier (vision globale, voix basse et douce, inertie, etc.). Cette méprise lui donne l'illusion de bien le connaître; il le croit trop calme, amorphe, faible et incapable de se défendre.

Le visuel brise la carapace de l'auditif en le stimulant pour le faire réagir et provoquer ses réactions. Tout ce processus lui occasionne de longues périodes de stress vécues ouvertement; il abuse de gestes et hausse le ton. Pendant ce temps, il essaie par tous les moyens de changer l'autre.

Dans l'exemple du couple, la femme visuelle comble son conjoint auditif de biens matériels croyant que cela va améliorer la situation, et dans l'espoir qu'il change et que tout redevienne normal.

En dernier recours, après s'être confié à toute personne qui veut bien l'écouter et avoir cru trouver des solutions pour changer l'autre, vaincue, la visuelle se renferme et devient irritable, maussade. Elle se retranche et demeure sur ses positions, convaincue d'avoir raison. Elle s'imagine tout un scénario pour se prouver une fois de plus qu'elle a raison. Contrariée de ne pas avoir attiré l'attention de son conjoint, elle réagit brusquement et passe aux actes.

Pour le visuel, la personne auditive violente semble agir d'une façon subite et sans raison apparente tandis que pour l'auditif, la violence de la personne visuelle peut venir confirmer ses craintes que celle-ci passe aux actes.

L'incompréhension est à l'origine de tout conflit et de toute injustice.

Comprendre les différences qui existent entre les deux énergies, c'est la solution pour enrayer la violence et la clé de l'harmonie.

• L'action

Énergie auditive

Les gestes de la personne d'énergie auditive sont raffinés.

Énergie visuelle

Les gestes de la personne d'énergie visuelle sont à l'état brut.

Mise en situation

Préparatifs d'une soirée

Comportement auditif

L'auditif manipule avec douceur.

Comportement visuel

Le visuel manipule avec énergie.

Commentaires

Auditif, habituellement, vos gestes sont silencieux parce qu'ils sont fait avec retenue et délicatesse.

Deux raisons vous portent à agir de la sorte :

– il est dans votre nature d'être délicat et doux dans vos gestes;

– vous protégez vos oreilles du bruit, car vous avez l'ouïe fine.

Visuel, absorbé par le détail de vos préparatifs (toilette, maquillage, etc.), vos gestes sont faits avec enthousiasme, vivacité et ardeur.

Deux raisons motivent votre façon d'agir :

– il est dans votre nature d'être vigoureux et énergique dans vos gestes, car l'énergie à l'état brut vous porte à agir de cette façon;

– votre ouïe étant moins fine, le bruit ne vous incommode pas.

Pour une sortie, chacun se prépare dans la joie.

L'auditif le fait silencieusement. Attentif à ses gestes, il planifie les dernières choses à faire avant le départ (fermer la maison, faire chauffer la voiture, etc.).

La visuelle, dans ses préparatifs, ne porte pas attention au bruit déployé par ses gestes (elle claque les portes de la garde-robe, referme les tiroirs avec bruit, fait claquer ses talons, etc.).

Dans le langage auditif, être bruyant et tapageur est une preuve de mauvaise humeur.

Songeur et interrogateur, l'auditif, observant sa conjointe se préparer, se fait la réflexion suivante : «Pourquoi est-elle de mauvaise humeur? Elle n'est pas contente de sortir avec moi.» Il lui posera ces questions pour vérifier :

«Pourquoi tu t'énerves? Es-tu fâchée?»

Du point de vue de la visuelle, cette question semble déplacée et impertinente. Elle se sent insultée et éprouve un début de tension. Déconcertée, elle répond :

«Je ne suis pas fâchée!»

Étant donné que cette réponse ne correspond pas à ce qu'il a observé (bruit = mauvaise humeur), l'auditif peut penser que sa conjointe ment et, à la longue, la croire hypocrite.

Avec les années, l'auditif change ses propos :

Exemple :

«Si tu n'es pas de bonne humeur, on va rester à la maison.»

«Je reviendrai quand tu seras de bonne humeur.»

«Si tu dois avoir l'air fâchée toute la soirée, je préfère sortir seul.»

Visuelle, savez-vous pourquoi votre conjoint réagit ainsi? Avez-vous mis cela sur le compte de son humeur et avez-vous cru qu'il ne désirait pas vous accompagner? Avez-vous cru qu'il voulait tout simplement gâcher votre soirée?

Dans cette situation, ce qui peut surprendre l'auditif et le dérouter, c'est qu'en peu de temps, sa conjointe change rapidement d'humeur et d'attitude.

Quelques instants auparavant, elle lui démontrait sa mauvaise humeur en étant bruyante. Arrivée à la soirée, en l'espace de quelques minutes, elle passe de la mauvaise humeur à la bonne humeur. C'est à n'y rien comprendre!

C'est la raison du commentaire que pourrait lancer l'auditif :

«Il y en a qui sont bons comédiens.»

Pour quelle raison l'auditif fait-il cette remarque? De par son mode de fonctionnement, sa conjointe lui fait savoir son mépris en souriant à tout venant. En analysant brièvement la situation, il se demande ce qu'il a bien pu faire pour mériter une telle attitude et il se souvient de toutes les fois où il s'est senti méprisé et rejeté.

Visuel, vous connaissez maintenant la raison de l'agissement de l'auditif. S'il pose une des questions énoncées ci-dessus ou exprime un de ces commentaires, vous saurez à quoi vous en tenir.

Auditif, quelle surprise de découvrir que les gestes du visuel font partie de son comportement naturel! Que de souffrances inutiles vous vous êtes infligées! Cette connaissance est un baume à vos souffrances, car elle vous évitera de tomber dans le piège de l'incompréhension.

Visuel, ne vous privez pas du bienfait que vous procure l'action, mais profitez de vos moments de solitude ou de la compagnie d'autres visuels pour exprimer votre exubérance :

– dansez en travaillant;

– chantez à haute voix;

– sifflez une chanson;

– tapez du pied!

Auprès d'un auditif, essayez de modérer vos gestes, il vous en sera reconnaissant.

Évitez de frapper sur la table avec le poing en jouant aux cartes ou lors de discussion, de frapper deux casseroles ensemble, de claquer les portes, etc.

Chaque fois que le visuel est bruyant, l'auditif se méprend sur ses agissements : il le pense nerveux ou choqué. Pouvez-vous vous imaginer un seul instant la portée de ce malentendu?

La remarque de l'auditif : «Moi, je suis toujours de bonne humeur» est une façon de signifier au visuel qu'il devrait changer d'humeur.

Mais cette réflexion n'a aucun effet sur le visuel, car celui-ci est de bonne humeur, même s'il est bruyant.

Est-il nécessaire d'ajouter que si l'auditif devient bruyant et tapageur, vous vous devez de ne pas intervenir à ce moment-là? Pourquoi? Parce qu'étant donné que ce n'est pas son mode de fonctionnement habituel, il utilise cette attitude pour vous montrer son humeur. Il a atteint sa limite de tolérance et est vraiment fâché (sauf s'il a des problèmes d'audition, bien sûr!).

Chaque fois qu'un malentendu survient, l'auditif rassemble ces faits. Après une certaine accumulation de tension, il peut remettre sa vie de couple, et même toute sa vie, en question.

Le toucher

L'énergie auditive est créée pour recevoir et l'énergie visuelle pour donner.

Énergie auditive

La personne d'énergie auditive ne touche pas.

Énergie visuelle

La personne d'énergie visuelle touche.

Mise en situation

Une conversation

Comportement auditif

La plupart du temps, l'auditif ne touche pas, mais il aime être touché.

Comportement visuel

La plupart du temps, le visuel touche, mais il n'aime pas être touché.

Commentaires

Auditif, vous avez besoin d'être touché. Pour vous, le toucher est très important et même essentiel à votre épanouissement. Le toucher est vital, tout comme l'air que vous respirez. Pourquoi? Parce que le toucher est une marque d'affection et il alimente vos sentiments. Le visuel ignore souvent à quel point c'est important pour vous.

Il n'y a pas de moment réservé aux manifestations de tendresse. En tout temps, vous êtes réceptif à cette démonstration de vos proches et vous l'appréciez énormément, sans toutefois le dire. Peu importe la circonstance ou le lieu, cette attention a toujours sa place pour vous.

Vous n'aimez pas être bousculé. Le toucher brusque et répétitif vous incommode et vous agresse rapidement; mais vous appréciez les gestes discrets et sans éclat, faits avec douceur et délicatesse.

Dans maintes occasions, le visuel touche pour vérifier la texture d'un vêtement, pour attirer l'attention ou s'assurer que l'autre suit bien une conversation, etc.

Toutefois, auditif, le fait de vous faire toucher fréquemment par un visuel peut vous amener à mal interpréter ses intentions et à considérer son geste comme une avance. Vous pouvez croire qu'il vous porte un intérêt particulier.

Cela orientera vos sentiments dans ce sens : vous broderez un roman autour de cet événement et répondrez à ses supposées avances.

Auditif, si vous remarquez, en diverses occasions, que votre conjointe touche un autre homme à plusieurs reprises, vous pourriez croire qu'elle vous trompe et réagir vivement.

Visuel, vous avez besoin de toucher. Pour vous, le toucher est très important et même essentiel à votre expression; c'est vital. Cela vous procure des sensations. Il s'agit donc d'un stimulant et les sensations perçues sont pour vous une source d'informations.

Peu importe le lieu, la circonstance ou la personne, vous êtes démonstratif et il n'y a pas de moment réservé pour toucher.

Par contre, si vous aimez toucher, il en va autrement en ce qui concerne le toucher des autres. Vous avez des moments choisis et précis pour accepter d'être touché. Cela est dû au détail (énergie visuelle). Pour vous, chaque événement devient un fait isolé.

Visuel, avez-vous tendance à croire que l'auditif n'apprécie pas votre toucher? Vous êtes-vous privé de ce geste? Si oui, touchez l'auditif d'un geste délicat et observez-le bien; vous serez sans doute étonné des résultats.

L'animal

Dans le règne animal, vous retrouvez un dérivé des comportements de l'énergie auditive et de l'énergie visuelle.

Étant donné que l'animal et les plantes occupent de plus en plus de place dans les foyers, il est donc intéressant d'analyser leur comportement, ce qui pourrait donner matière à une longue réflexion.

Vous avez sans doute remarqué que certains animaux aiment être cajolés et d'autres moins : cela est dû au développement de leur énergie.

Le chat appartenant à l'énergie auditive est réceptif aux caresses; il aime vous frôler pour être cajolé. Le chat appartenant à l'énergie visuelle choisit son moment pour s'approcher de vous. Dans l'opinion populaire, sans trop savoir pourquoi, le chat au comportement visuel est reconnu comme indépendant.

Forcer un animal à recevoir des caresses peut le rendre agressif et le pousser à mordre ou à griffer. Quand vous vous approchez d'un animal pour le caresser, vous devez tenir compte de cet aspect.

Les plantes

Dans le règne végétal, vous retrouvez aussi un dérivé des comportements de l'énergie auditive et de l'énergie visuelle.

La forme et l'espèce d'une plante vous renseignent sur son énergie. Certaines plantes sont d'énergie auditive et d'autres d'énergie visuelle.

Le fait que certaines plantes aiment plus être touchées que d'autres joue un rôle dans leur conservation.

• La concentration

Si le toucher est essentiel à celui qui le donne ou le reçoit, il peut parfois devenir un facteur de stress.

Énergie auditive

La personne d'énergie auditive est concentrée sur l'ensemble d'un sujet.

Énergie visuelle

La personne d'énergie visuelle est centrée sur un détail.

Mise en situation

Un travail

Comportement auditif

L'auditif concentre son attention sur plusieurs sujets à la fois.

Comportement visuel

Le visuel concentre son attention sur un sujet précis.

Commentaires

Dans son approche, l'auditif touche moins souvent que le visuel. Donc, chaque fois qu'il touche ou qu'il est touché par une personne, il y attache une grande importance.

Dans la majorité des cas, quelle que soit son occupation, l'auditif aime recevoir des démonstrations d'affection dont le toucher fait partie.

Même s'il est occupé, il apprécie que l'un des siens s'approche de lui et pose sa main sur son épaule ou le prenne par la taille. Il considère ce geste comme un réconfort, un stimulant et cela le motive à poursuivre sa tâche.

Dès le début de sa relation de couple, l'auditif, pensant plaire à sa conjointe, s'approche souvent d'elle doucement, pose sa main sur son épaule et l'enlace pour lui démontrer son affection, sa tendresse, son attachement et son amour.

Comme toute personne visuelle, sa conjointe aime toucher, mais n'aime pas se faire toucher, sauf dans des moments précis : assise sur le sofa, lors de relations intimes, pendant une promenade, etc. Si son conjoint ou un enfant s'approche d'elle lorsqu'elle est occupée, elle le repoussera et dira d'un air sévère :

«Une affaire à la fois.»

«Ce n'est pas le moment. Tu vois bien que je suis occupée.»

Pourquoi la visuelle réagit-elle ainsi?

Premièrement, parce que ce geste la déconcentre au point qu'elle perd le fil de ses idées, car toute son attention est concentrée sur son travail. Sa vision détaillée ne lui permet pas de se concentrer sur plusieurs sujets à la fois et le fait d'être touchée la dérange.

Deuxièmement, elle peut croire que l'approche de son conjoint est une avance sexuelle. Il n'en demeure pas moins que cette réaction est tout à fait normale, puisque le toucher produit chez elle une sensation qui peut être suivie d'une série d'images à caractère sexuel. Dans cette situation, occupée et contrariée, elle peut en déduire que son conjoint est exigeant, qu'il ne pense qu'à satisfaire ses besoins sexuels et elle le repoussera brusquement.

Comme l'auditif demeure concentré sur son travail, il ne comprend pas la réaction vive de sa conjointe. Sensible, il interprète ce geste comme un rejet ou un manque d'amour. De son point de vue, il ne voulait que démontrer son affection. Ce rejet le blesse profondément et le laisse songeur et perplexe. Il réfléchit et se demande intérieurement pourquoi elle réagit de la sorte.

La visuelle, concentrée sur son travail, ne remarque pas que son conjoint ne demande qu'un geste d'affection. Émotive et agissant sur le coup de l'impulsion, elle n'est pas consciente qu'elle le blesse en le repoussant et en lui répondant vivement.

Cette méprise dans l'interprétation des deux langages est l'endroit où l'auditif et le visuel prennent deux chemins totalement différents.

Pensant être la cause de la brusquerie de sa conjointe et convaincu qu'elle pense et agit de la même façon que lui, l'auditif essaiera pendant longtemps, des mois, voire des années, de trouver des moyens pour améliorer son approche : plus de douceur, plus de subtilité, etc.

Pour la visuelle, étant donné qu'elle vit dans le détail, chaque événement représente un fait isolé. Par le fait même, elle n'est pas consciente d'avoir blessé son conjoint, donc elle ne s'aperçoit pas de tous les efforts déployés par celui-ci.

Étant donné qu'aucun changement ne se produit et que la situation se répète, l'auditif passe à une autre étape.

Pour sensibiliser sa conjointe, il la repousse, à son tour, dans des gestes quotidiens : il refuse de lui prendre la main, il refuse sa compagnie auprès de lui sur le sofa, etc., pour en arriver à refuser ses avances sexuelles.

Ceci non pour se venger, mais uniquement pour signaler et faire ressentir à sa conjointe à quel point il est blessant de se faire repousser.

S'il n'y a aucun changement, l'auditif va répéter ses refus, espérant que sa conjointe comprenne et change d'attitude. Toute cette démarche se fait subtilement, à l'insu de la visuelle.

Dès les premiers refus, la conjointe se sent frustrée et négligée, car elle ignore la raison de cet agissement. Sur une fausse piste, elle croit que son conjoint ne la désire plus et suppose qu'il souffre d'un problème sexuel. Elle lui suggère de regarder une émission ou de lire des ouvrages sur la sexualité du couple. En dernier recours, elle l'oblige à consulter un spécialiste.

Le conjoint, tout comme la plupart des auditifs le feraient dans cette circonstance, refuse de consulter. Il ne perçoit pas la nécessité de faire de nouveau des efforts et se demande pourquoi il ferait une telle démarche. **À son avis**, il a tout essayé pour obtenir un changement, sans résultat, car le sentiment d'être rejeté est toujours présent. De plus, bien du temps s'est écoulé et il a relégué aux oubliettes la raison de son premier refus, non par inconscience, mais parce qu'il vit dans la globalité et dans le futur, il a accumulé depuis bien des faits.

Comme la situation persiste et que sa conjointe continue à lui répondre vivement, l'auditif en déduit qu'elle ne l'aime plus. Un fait isolé, en apparence banal pour la visuelle, est la goutte d'eau qui fait déborder le vase. Au départ, il se sentait rejeté, mais par la suite, d'autres comportements de sa conjointe viennent peu à peu renforcer ce sentiment de rejet. Par exemple, **à tort**, il interprète le bruit fait par sa conjointe comme une agression et une manière de lui faire savoir à quel point sa compagnie est insupportable.

Dans une vision globale, l'auditif rassemble tous ces faits, s'interroge sur sa vie de couple et la remet en question. Régulièrement, par des messages subtils, il prévient sa conjointe qu'il se détache d'elle. Ensuite, il réagira vivement et ouvertement pour manifester ses sentiments. Mais même dans ces moments-là, tout au fond de son cœur, subsiste l'espoir de trouver une solution.

Finalement, l'auditif accepte une consultation auprès d'un spécialiste. En dernier recours, il joue ses dernières cartes pour tenter d'améliorer son couple avant d'envisager la séparation.

Contrairement à lui, sa conjointe est consciente d'un réel problème dans le couple, mais sans toutefois en réaliser la gravité, sans comprendre que son conjoint, lui, est à un tournant de sa vie de couple, qu'il est sur le point de se séparer. Satisfaite, la conjointe croit, à cette étape-ci, que la situation est sur le point de s'arranger, parce que son conjoint manifeste enfin ses sentiments ouvertement et accepte la consultation.

Après la consultation, tout semble être réglé, mais comme la cause profonde est toujours présente, rien ne change et le conflit subsiste.

Dans cette situation, deux cas d'espèce ont été envisagés :

– la visuelle est dérangée dans sa concentration;

– la visuelle croit à une avance sexuelle et repousse son conjoint.

Mais il en existe un troisième.

À l'approche de son conjoint, la visuelle peut se croire obligée de répondre à ce qu'elle considère comme une avance sexuelle et s'imaginer satisfaire les exigences de son conjoint.

Au début, l'auditif en retire un certain plaisir. À la longue, une habitude se crée et il exigera des relations sexuelles plus fréquentes dans le but de se rapprocher de sa conjointe, mais une profonde insatisfaction s'empare de lui, car il ressent un vide dû à sa grande sensibilité.

Dans ces trois cas différents, si les besoins affectifs essentiels de l'auditif ou si les besoins émotifs de la visuelle ne sont pas comblés, cela peut les amener inconsciemment à rechercher une compensation (dans le travail, en jouant, en buvant ou dans une liaison).

La plupart des gens vivent des étapes semblables dans leur vie de couple.

Auditif, si vous êtes repoussé par votre conjointe visuelle, n'interprétez pas cela comme un manque d'amour ou un rejet. Efforcez-vous de choisir le moment approprié pour la toucher, pour la caresser.

Visuelle, si vous êtes repoussée par votre conjoint auditif, demandez-lui la raison de son attitude, car son refus est le signe évident d'un malaise.

Par exemple, si votre conjoint a refusé de s'asseoir auprès de vous sur le sofa ou de vous prendre la main lors d'une promenade, vous avez peut-être cru que son indifférence et son humeur étaient dues à vos nombreuses sorties et déduit qu'il n'appréciait pas vos absences répétées. De plus, dans cette optique, vous avez peut-être cru lui faire plaisir en renonçant à vos habitudes et à vos besoins personnels en demeurant plus souvent auprès de lui. Surtout, ne croyez pas cela, car ce n'est pas ce que l'auditif vous demande! En fait, ce qu'il désire, c'est que vous changiez d'attitude lorsqu'il s'approche de vous et vous caresse.

LANGAGE UNIVERSEL

Animez vos conversations et goûtez au plaisir que procure une parole accompagnée d'un geste.

Atténuez vos gestes et savourez toute la portée d'un mot prononcé sans le geste.

La connaissance de la signification d'un geste apporte calme et compréhension.

Qu'il s'agisse d'un être humain, d'un animal ou d'une plante, la règle d'or, c'est le respect.

L'odorat

L'odorat, ce sens bien connu de l'auditif, est parfois ignoré ou à peine développé chez le visuel.

Pour le visuel, la couleur et la texture d'une fleur captent son attention et le fascinent tandis que pour l'auditif, c'est son odeur qui l'attire et le séduit.

L'odeur procure divers sentiments à l'auditif et lui fournit des renseignements comparables aux sensations produites par le toucher chez le visuel.

Énergie auditive

La personne d'énergie auditive développe l'odorat dans le détail.

Énergie visuelle

La personne d'énergie visuelle développe l'odorat dans la globalité.

Mise en situation

Une casserole sur la cuisinière

Comportement auditif

L'auditif sent et identifie les odeurs dans le détail.

Comportement visuel

Le visuel sent et identifie les odeurs dans la globalité.

Commentaires

Auditif, à l'heure des repas, vous aimez rôder autour de la cuisinière pour le simple plaisir de sentir les bonnes odeurs de cuisson.

Il vous est sûrement arrivé de soulever le couvercle d'une casserole pour le plaisir d'humer ce qui mijote sur le feu. Votre mère ou votre conjointe visuelle vous ont-elles déjà interdit l'accès à leurs casseroles?

Quelle déception et privation pour vous!

Priver un auditif de soulever le couvercle d'une casserole pour respirer l'odeur des aliments équivaut à forcer un visuel à ne pas toucher.

Généralement, auditif, vous aimez cuisiner. Cette activité vous est doublement agréable, car elle vous permet de sentir l'odeur des aliments tout en stimulant votre appétit.

Visuel, c'est surtout l'heureux mélange des couleurs des aliments qui attire votre attention et aiguise votre appétit.

L'auditif hume d'abord les différentes odeurs et s'attarde ensuite à l'ensemble de leur présentation, tandis que le visuel regarde en détail la disposition et la couleur des aliments pour ensuite en apprécier globalement l'odeur.

Auditif, une odeur vous fait revivre des sentiments liés à un souvenir d'enfance ou vous rappelle une personne que vous aimez, etc.

Exemple :

L'odeur de cuisson des légumes peut rappeler à l'auditif l'aide qu'il apportait à sa mère lors de leur récolte et lui faire revivre ses sentiments d'attachement pour sa mère.

Visuel, une odeur peut faire resurgir des sensations liées à une situation précise, à un geste tendre, etc.

Exemple :

L'odeur de cuisson des légumes fait revoir au visuel l'image de sa mère qui se penche pour l'embrasser en signe de remerciement pour l'avoir aidée à ramasser des légumes.

Pour l'auditif, l'odorat est très important, car sentir lui permet de ressentir les événements; le toucher devient un élément additionnel.

Pour le visuel, le toucher est très important, car toucher lui procure une sensation qui lui permet de rassembler des informations; l'odorat devient complémentaire au toucher.

LANGAGE UNIVERSEL

Offrez-vous le plaisir de respirer l'odeur naturelle d'une personne, le parfum d'une fleur ou les effluves d'un repas.

Quelle joie!

L'ouïe

L'ouïe est un sens merveilleux.

L'ouïe permet d'entendre toute la gamme de vibrations émises par la nature, la musique ou celles exprimées par des mots dans le langage parlé. Son développement vous permet de vibrer au rythme de votre environnement.

Le plaisir ressenti par l'auditif à l'écoute de la nature est comparable à l'émerveillement du visuel devant la beauté de la nature qu'il admire.

L'ouïe est importante dans la communication. En voici deux aspects :

– l'intonation

– l'écoute

• L'intonation

Énergie auditive

La personne d'énergie auditive parle à voix basse et douce.

Énergie visuelle

La personne d'énergie visuelle parle à voix haute et forte.

Mise en situation

Un repas au restaurant

Comportement auditif

L'univers de l'auditif est silencieux.

Comportement visuel

L'univers du visuel est animé.

Commentaires

L'auditif parle sur un ton doux et sa voix est basse et monotone.

Le timbre de voix de l'auditif peut ne pas attirer suffisamment l'attention du visuel, le laisser indifférent, lui faire perdre tout intérêt dans une conversation et l'incommoder au point de lui faire quitter les lieux.

Le visuel parle fort; sa voix est haute et colorée. Le timbre de voix du visuel capte facilement l'attention, mais peut devenir rapidement incommodant et agressant pour l'auditif, lui faire perdre tout intérêt dans une conversation et lui faire quitter les lieux.

Visuel, si, dans une conversation ou une discussion, vous élevez la voix avec gestes à l'appui, vous n'aurez pas terminé vos explications que l'auditif sera déjà parti sans avoir écouté la fin.

Une personne qui élèverait la voix continuellement en s'adressant à un auditif équivaut à une personne qui ferait bouger continuellement un objet devant les yeux du visuel lorsqu'elle s'adresse à lui.

Auditif, vous élevez la voix dans de rares occasions. Vous le faites pour accentuer vos paroles, montrer votre humeur ou si vous avez des problèmes d'audition.

Visuel, vous haussez le ton pour animer vos conversations, renforcer vos paroles ou montrer votre humeur.

La plupart du temps, l'auditif aime passer inaperçu, tandis que le visuel aime être remarqué.

Au restaurant, l'auditif recherche une ambiance intime, dans un coin discret et tranquille, tandis que le visuel préfère une ambiance animée, dans un endroit bien en vue.

Chaque fois que les circonstances s'y prêtent, l'auditif cherche à recréer cette ambiance calme et intime, tandis que le visuel cherche à animer l'ambiance.

Visuel, lorsque vous rencontrez une personne, vous la saluez parfois avec enthousiasme. Si celle-ci est auditive, elle apprécie cette rencontre, mais par votre manière exubérante de l'aborder, vous pourriez gâcher ces moments de joie.

Au restaurant, si le visuel aperçoit un ami attablé au loin, il l'interpelle de sa table et le salue, tout heureux de le rencontrer. L'auditif apprécie cette rencontre, mais comme tous les regards se tournent vers eux, il se sent mal à l'aise.

L'auditif a l'ouïe fine, parfois très fine, et entend facilement toutes les conversations des gens qui l'entourent, tandis que généralement, le visuel a l'ouïe moins développée.

Durant le repas, par discrétion, l'auditif parle à voix basse, pour n'être entendu que de la personne avec laquelle il converse.

Le chuchotement dérange le visuel et il n'apprécie guère la remarque de l'auditif qui l'incite à baisser le ton.

À maintes reprises, des personnes vivent des situations semblables, que ce soit dans une soirée, dans une réunion familiale, à la maison, dans leur vie de couple.

• L'écoute

Énergie auditive

La personne d'énergie auditive écoute.

Énergie visuelle

La personne d'énergie visuelle regarde.

Mise en situation

Une conversation

Comportement auditif

Par l'écoute, l'auditif reçoit la majorité de ses informations, tandis qu'il regarde de temps en temps.

Comportement visuel

Par la vision, le visuel capte la majorité de ses informations, tandis qu'il écoute d'une oreille distraite.

Commentaires

Dans un échange verbal, c'est par une écoute attentive que l'auditif capte la plus grande partie des messages et la moindre intonation de la voix lui permet de former une pensée.

Dans un échange verbal, c'est par un regard attentif que le visuel reçoit la plus grande partie de ses informations et le moindre geste lui permet de former des images.

Auditif, dans une conversation, ce qui vous permet d'écouter et de maintenir votre concentration, c'est le fait de promener votre regard, sans le fixer, sur la personne ou sur un objet.

Visuel, dans une conversation, ce qui vous permet d'écouter attentivement, c'est le fait de fixer votre regard sur la personne, car ses gestes ajoutent des informations à votre écoute.

Auditif, lorsque vous parlez au visuel, il est important que vous le regardiez pour lui faire savoir que vous vous adressez à lui. Assurez-vous aussi qu'il vous regarde avant de lui parler, sinon vérifiez s'il a bien capté votre message.

Pendant la conversation, regardez-le de temps en temps pour lui montrer que vous continuez à l'écouter, sinon il pourrait croire que vous ne vous intéressez pas à ce qu'il dit.

Si le visuel ne vous regarde pas ou si vous vous déplacez et qu'il ne vous aperçoit plus, il lui manquera des éléments pour compléter ses informations, car il ne voit plus ni vos gestes ni votre expression.

En groupe, si vous désirez passer un message à un visuel en particulier, regardez-le, sinon il croira que le message est pour quelqu'un d'autre. Par contre, si vous parlez à toutes les personnes présentes tout en regardant un visuel en particulier, il supposera que le message lui est adressé personnellement.

Auditif, plusieurs de vos messages n'ont pas été reçus par le visuel pour la simple raison que vous ne l'avez pas regardé en parlant. Lorsqu'il ne donne pas suite, vous êtes déçu, car vous êtes convaincu que votre message a été bien reçu et vous croyez que l'autre se désintéresse de vous. Souvent, avec raison, vous insistez sur le fait que vous lui avez bel et bien dit telle ou telle chose.

Visuel, si vous désirez que l'auditif vous écoute, vous ne devez pas insister pour qu'il vous regarde tout le temps pendant un échange verbal, car cela a pour seul effet de le déconcentrer et il cesse de vous écouter.

Si l'auditif vous obligeait à ne pas le regarder, vous vous sentiriez mal à l'aise et cela vous incommoderait au point de ne plus écouter.

Visuel, vous pouvez continuer à parler même si l'auditif ne vous regarde pas dans les yeux, s'il est occupé à une activité ou s'il est dans une autre pièce, car il vous écoute quand même et comprend votre message.

Les expressions suivantes de l'auditif : «Tu ne m'écoutes pas quand je te parle. Tu n'écoutes pas ce que je dis» équivalent à celle du visuel : «Regarde-moi quand je te parles.»

Ces paroles de l'auditif : «Tu n'écoutes pas quand je te parle» résonnent à l'oreille du visuel comme un ordre, un acte d'obéissance ou de discipline, un reproche, un contrôle, mais ce n'est pas le sens que l'auditif veut leur donner.

Cette expression fait référence à l'écoute. Il ne s'agit ni d'un contrôle ni d'un ordre, comme certains visuels seraient portés à le croire. Cette expression peut rappeler cette phrase que l'on devrait bannir à jamais : «Si tu n'écoutes pas, je vais le dire à ton père.»

Pourquoi? Parce que pour les personnes visuelles, le mot «écoute» signifie obéissance et ces expressions prennent le sens de «Tu vas m'écouter ou m'obéir, car si tu ne m'écoutes pas...» Donc, elles s'imaginent qu'il s'agit d'un reproche et que l'auditif exerce un contrôle sur elles, exigeant d'elles discipline et obéissance.

Pour l'auditif, ces expressions font référence à l'écoute et signifient «Tu n'écoutes pas les mots que je te dis; si tu les écoutais, tu obtiendrais tous tes renseignements.»

Le regard

Dans l'écoute, si l'auditif est occupé, il ne juge pas nécessaire de poser son regard sur la personne.

Dans l'écoute, si le visuel est occupé, il s'arrête pour fixer son regard sur la personne.

Il est aussi dérangeant d'être trop observé que de ne pas l'être.

Auditif, inconsciemment, si une personne vous dévisage, vous tenterez par tous les moyens de vous soustraire à son regard, et vous la considérez comme insolente et impolie.

Visuel, inconsciemment, si une personne ne vous regarde pas, vous tenterez par tous les moyens d'attirer son attention, et vous la considérez comme indifférente et hautaine.

La compréhension

Lorsque l'auditif doit lire un mode d'emploi ou une instruction quelconque, il demandera souvent qu'on lui en fasse la **lecture,** car l'écoute est sa meilleure façon de recevoir des renseignements, contrairement à la lecture qui lui demande un effort de concentration sur les mots imprimés.

Lorsque le visuel doit écouter une instruction quelconque, il demandera souvent qu'on lui fasse un **dessin,** car la visualisation est sa meilleure façon de recevoir des informations, contrairement à l'écoute qui lui demande un effort de concentration sur les mots prononcés.

Visuel, si l'auditif vous demande de lui faire la lecture, il ne s'agit ni d'un caprice ni d'un manque de scolarité ni de paresse, mais d'une nécessité. Cela lui est parfois essentiel, car il a besoin d'écouter pour comprendre.

Visuel, si vous remarquez qu'un auditif fait preuve d'un manque de compréhension, prenez le temps de lui faire la lecture; il saura l'apprécier, car le fait d'écouter lui apporte souvent la solution.

Auditif, lorsque vous lui donnez des explications, si le visuel vous demande de lui faire un dessin, ce n'est ni un caprice ni une blague ni de l'enfantillage, mais une nécessité. Cela lui est parfois essentiel, car il a besoin de voir pour comprendre, tout comme la lecture est parfois nécessaire à votre compréhension.

Auditif, si dans vos explications, vous ressentez de l'incompréhension de la part du visuel ou s'il vous demande de lui faire un dessin, prenez le temps de lui en faire un; il vous en sera reconnaissant. À l'aide d'un dessin, son effort de concentration est porté sur l'image et non sur l'écoute.

Avez-vous déjà remarqué que l'auditif enlève ses lunettes pour écouter alors que le visuel les garde pour mieux écouter?

LANGAGE UNIVERSEL

Dans le langage universel, il est agréable d'écouter une voix douce, mélodieuse, bien timbrée, ferme, etc.

La vue

Les yeux sont de véritables joyaux!

Ils méritent un soin particulier et toute votre attention. Connaissez-vous bien toute leur utilité?

Le regard permet d'observer et de transmettre des messages à votre entourage. Il s'exprime par différents moyens :

– la vision

– l'éclairage

– la télévision

– un message non verbal

• La vision

Énergie auditive

La personne d'énergie auditive a une **vision globale.**

Énergie visuelle

La personne d'énergie visuelle a une **vision détaillée.**

Mise en situation

Visite d'un jardin, d'une maison

Comportement auditif

L'auditif observe en globalité pour ensuite voir un détail.

Comportement visuel

Le visuel observe en détail pour ensuite voir dans la globalité.

Commentaires

La vision de l'auditif est globale et celle du visuel détaillée.

Lorsqu'il se promène dans un jardin, l'auditif aperçoit celui-ci dans son ensemble, tandis que le visuel voit une fleur en particulier.

En ce qui concerne l'écoute, l'auditif entend le moindre son et le visuel entend en général.

Observez le comportement d'un couple dans cette situation :

L'auditif, en deux temps trois mouvements, a fait le tour de la maison ou du jardin.

La visuelle, dans le même laps de temps, n'aura visité que la première pièce de la maison ou se sera arrêtée à la première fleur du jardin, car elle s'attarde à un détail.

Réflexion de chacun :

Auditif, vous direz du visuel qu'il perd son temps pour des broutilles.

Visuel, vous direz de l'auditif qu'il est pressé, qu'il n'apprécie pas la visite.

• L'éclairage

La personne d'énergie auditive est à son aise dans la pénombre et dans tout ce qui est secret. Une nuit étoilée invite aux confidences : il s'agit souvent d'un moment unique pour lui de confier ses sentiments, car la nuit revêt un cachet mystérieux et romantique.

La personne d'énergie visuelle se sent à l'aise dans la clarté, à la lumière du jour. Le soleil réchauffe et pousse à l'action. L'éclairage des salles de danse avec leurs jeux de lumières recréent bien une ambiance de jour. Les amusements de nuit dans différents clubs ont pour but de prolonger le jour.

Énergie auditive

La personne d'énergie auditive vit dans la pénombre.

Énergie auditive

La personne d'énergie visuelle vit dans la clarté.

Mise en situation

Un souper aux chandelles

Comportement auditif

L'auditif préfère habituellement la pénombre à la clarté, mais appréciera la clarté dans certaines situations.

Comportement visuel

Le visuel préfère la clarté à la pénombre, sauf en de rares occasions.

Commentaires

L'auditif recherche de façon naturelle un éclairage tamisé, car la pénombre est essentielle à son équilibre.

Le visuel cherche de façon naturelle un éclairage vif, car la lumière est indispensable à son équilibre.

Auditif, le soir, après votre journée de travail, vous avez l'habitude de vous asseoir dans un fauteuil dans la pénombre pour retrouver une ambiance calme et détendue? Ces moments vous sont précieux, car ils vous permettent de réfléchir à votre aise. De plus, après avoir passé une journée dans la clarté, il vous est naturel de rechercher l'obscurité.

Visuel, le soir, après votre journée de travail, désirant prolonger la clarté du jour, vous recherchez une pièce bien éclairée, vous allumez partout sur votre passage et vous préférez faire une activité qui demande de la lumière, comme regarder la télévision ou une quelconque activité manuelle.

Auditif, ne connaissant pas les besoins de votre conjointe visuelle et croyant lui faire plaisir, vous l'invitez à s'asseoir auprès de vous dans le silence et le calme, dans un éclairage tamisé, pour relaxer tout en regardant la télévision.

Il est même possible que vous fermiez ou que vous obligiez votre conjointe à éteindre presque toutes les lumières, en ne gardant qu'une lumière tamisée. Parfois vous avez même besoin d'être dans l'obscurité complète, afin de développer le film de vos pensées.

La conjointe visuelle, ne connaissant pas l'importance de la pénombre pour l'auditif, croit, lorsqu'il l'invite à s'asseoir près de lui, qu'il désire dialoguer avec elle; elle allume pour mieux voir. Il est tout à fait normal pour elle de croire que son conjoint a besoin de lumière.

Auditif, assis dans la pénombre, avez-vous déjà été surpris par votre conjointe? Quelle a été votre première réaction lorsque celle-ci a allumé immédiatement, tout en vous reprochant de rester dans le noir? Avez-vous d'abord sursauté pour ensuite être déconcerté, figé sur place puis choqué, en vous questionnant sur la raison de cet agissement?

La visuelle, apercevant son conjoint dans la pénombre, aura pour premier geste d'allumer immédiatement en lui demandant : «Qu'est-ce que tu fais dans le noir?» Cette réaction est normale de sa part, car l'attitude de son conjoint lui semble bizarre. Elle peut lui laisser croire qu'il est dépressif ou même avare en voulant économiser de l'électricité.

Généralement, le visuel allume tandis que l'auditif éteint ou diminue l'intensité lumineuse. Ce jeu peut se prolonger indéfiniment.

Un souper aux chandelles

La visuelle, de bonne foi, pour satisfaire un besoin passager de pénombre et croyant apporter un heureux changement, propose de temps en temps un souper romantique aux chandelles à son conjoint, pensant partager ce plaisir avec lui.

Visuelle, avez-vous déjà pensé faire une agréable surprise à votre conjoint en lui préparant un souper aux chandelles? Quelle a été sa réaction? S'il a apprécié, ce fut sûrement un moment très agréable pour vous. Si, par contre, il vous a laissé croire qu'il considérait l'ambiance chaleureuse procurée par des chandelles allumées comme un fait banal ou s'il vous a fait des remarques désobligeantes, vous avez sans doute été déçue sans comprendre sa manière d'agir. Avez-vous pensé qu'il manquait totalement de romantisme et qu'il était dénué de tout sentiment?

Si votre habitude est d'allumer lorsqu'il se trouve dans la pénombre, ne soyez pas étonnée de sa réaction, car il pourrait interpréter le fait de lui proposer un souper aux chandelles comme une plaisanterie de mauvais goût et une insulte. Pourquoi? Parce qu'il se sent d'autant plus ridiculisé si vous lui avez déjà fait la remarque suivante : «Qu'est-ce que tu fais dans le noir?» ou si vous en avez déjà plaisanté devant la famille et les amis.

L'ambiance que procure une lumière tamisée, il vous la demande tous les soirs inconsciemment et dans son langage. Il pense donc que vous lui proposez ce souper aux chandelles pour vous moquer de lui et il n'est pas forcément disposé à partager ce plaisir avec vous.

• La télévision

Énergie auditive

La personne d'énergie auditive écoute la télévision.

Énergie visuelle

La personne d'énergie visuelle regarde la télévision.

Mise en situation

Un film

Comportement auditif

L'auditif aime **écouter** un film ou une émission pour le plaisir d'écouter le dialogue, la musique et le son, tout en regardant dans l'ensemble les acteurs et le décor.

Comportement visuel

Le visuel aime **regarder** un film ou une émission pour le plaisir de regarder en détail le décor et les acteurs, tout en portant une attention générale au dialogue, à la musique et au son.

Commentaires

L'auditif, en **écoutant** la télévision, capte par l'écoute des informations détaillées et, par sa vision, des informations générales.

L'auditif dit : «J'ai écouté telle émission, tel film, etc.»

Le visuel, en **regardant** la télévision, reçoit, par sa vision, des informations détaillées et, par son écoute, des informations générales.

Le visuel dit : «J'ai regardé telle émission, tel film, etc.»

Auditif, vous regardez en silence pour écouter le dialogue des acteurs, sans toutefois porter votre regard continuellement sur l'écran.

Visuel, vous regardez l'émission les yeux fixés sur l'écran, puis vous la commentez, sans porter une attention soutenue au dialogue.

Auditif, si vous parlez à un visuel pendant qu'il regarde une émission, cela pourrait le déranger, car il doit vous regarder pour vous écouter et ne porte donc plus attention à l'émission de télévision.

Visuel, pendant une émission, si vous questionnez l'auditif ou faites plusieurs commentaires, cela pourrait le déranger dans son écoute.

Visuel, si pendant votre émission préférée, l'auditif passe souvent devant le téléviseur, cela vous est désagréable.

La représentation d'un film

L'auditif aime regarder plusieurs fois le même film, tandis que le visuel préfère ne le regarder qu'une seule fois.

Auditif, vous aimez regarder plusieurs fois le même film. Pourquoi? Parce qu'à cause de votre écoute attentive, vous laissez passer des détails. Vous découvrez chaque fois des éléments nouveaux et vous trouvez des détails non observés antérieurement. Chacun de ces éléments vous renseigne et vous permet de faire des rapprochements entre le contenu de ce film et vos propres connaissances en histoire, en architecture, etc. Un seul de ces éléments vous suffit pour entamer une réflexion et la mener à une création.

Visuel, vous préférez regarder un film nouveau. Pourquoi? Parce que c'est l'intrigue et le dénouement qui vous intéressent. Par contre, à cause de votre vision détaillée, vous aimez regarder un film déjà vu s'il renferme de nombreux détails.

• Un message non verbal

Énergie auditive

La personne d'énergie auditive voit dans la globalité.

Énergie visuelle

La personne d'énergie visuelle voit dans le détail.

Mise en situation

Un échange non verbal

Comportement auditif

L'auditif promène son regard pour observer dans la globalité. Il utilise le regard dans la communication pour une raison précise et pour communiquer un message précis dans une situation donnée.

Comportement visuel

Le visuel fixe son regard pour apercevoir le moindre détail. Il utilise continuellement le regard pour échanger et communiquer.

Commentaires

Les regards échangés n'ont ni la même signification ni la même importance pour l'auditif et le visuel.

Pour l'auditif, le regard est un moyen de communication **passager** qui transmet un message **précis**. Il l'utilise pour étayer ses paroles, soutenir une personne, confirmer ses dires, manifester son accord ou sa reconnaissance, taquiner, etc. Puisque l'auditif a une vision globale, son message l'est également et il est lié à d'autres événements qui semblent en apparence n'avoir aucun rapport avec la situation présente.

Pour le visuel, le regard est un moyen de communication **régulier** qui transmet un message **passager**. Il l'utilise pour étayer ses paroles, soutenir une personne, confirmer ses dires, manifester son accord ou sa reconnaissance, taquiner, etc. Vu que le visuel a une vision détaillée, son message se rapporte uniquement au moment présent pour le simple plaisir d'échanger.

L'auditif, lorsqu'il se trouve dans un groupe a besoin de promener son regard à cause de sa vision **globale**.

Le visuel, lorsqu'il se trouve dans un groupe a besoin de fixer une personne à cause de sa vision **détaillée**.

L'auditif, en présence de plusieurs visuels, peut se sentir exclu et croire qu'une complicité s'est établie entre eux, car il remarque tout échange non verbal.

Le visuel prend plaisir à échanger un ou des regards avec une personne, sans même remarquer qu'un ou des auditifs l'observent en retrait. Le visuel doit se rappeler surtout que l'auditif voit tout en globalité et que rien ne lui échappe.

L'auditif observe sans en avoir l'air et selon son langage, il interprète certains échanges non verbaux avec les yeux comme un regard complice, une avance, etc. Il peut même avoir l'impression que l'autre manigance ou qu'il le ridiculise, et il est loin d'apprécier.

Exemple :

Une visuelle, dans une soirée en présence de son conjoint, regarde une autre personne en lui souriant et appuie son regard d'un clin d'œil. Son conjoint ne le lui dira pas, mais il a tout de même capté leurs échanges.

Cela peut lui donner l'impression qu'il s'agit d'un regard complice, comme s'il y avait une connivence entre eux. Ce regard ne lui a pas échappé et dans les semaines ou les jours suivants, il lui dira qu'il n'est pas aussi fou qu'il en a l'air. Il ira jusqu'à dire : «Quand on trouve les autres beaux!»

Avez-vous déjà réussi à décoder le message ou la raison qui motive de telles paroles?

Cette phrase laisse sous-entendre : «Tu flirtes avec lui parce que tu le trouves beau, à ton goût...» Dans son langage, l'auditif lui a transmis ce qu'il a compris.

L'auditif est fier et il peut se forger une fausse opinion, ce qui peut l'éloigner de sa conjointe.

Voyez à quel point une personne peut se méprendre lorsqu'il y a incompréhension de langage.

LANGAGE UNIVERSEL

Le regard joint à l'écoute est un moyen de communication merveilleux.

Les sentiments et les sensations

Les sentiments appartiennent au monde de l'énergie auditive tandis que les sensations appartiennent au monde de l'énergie visuelle. Pour accéder à l'un de ces mondes, il y a un grand pas à franchir.

La personne d'énergie auditive, par le développement de l'ouïe et de l'odorat, ressent les événements sous forme de **sentiments** qu'elle développe à l'intérieur d'elle-même par de la **sensibilité**.

La personne d'énergie visuelle, par le développement de la vue et du toucher, perçoit les événements sous forme de **sensations** qu'elle exprime extérieurement par de l'**émotivité**.

La sensibilité appartient à l'énergie auditive et l'émotivité appartient à l'énergie visuelle.

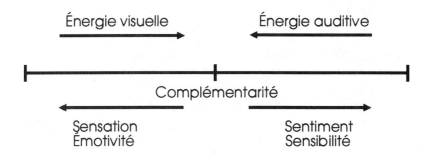

Figure 10
La complémentarité

La sensibilité

La personne d'énergie auditive, qu'elle soit homme ou femme, développe de la sensibilité.

Elle manifeste sa sensibilité par de l'intuition, de la douceur, de la tendresse, de la délicatesse, de l'affection, de la patience, etc. dans un langage subtil, concis, posé et réfléchi.

Un élan naturel la pousse à être attentive aux besoins de ceux qui l'entoure (sens maternel).

Par sa sensibilité, elle développe la beauté intérieure. À cause des sentiments qu'elle ressent, elle attache une plus grande importance à l'intérieur et elle estime une personne selon ses qualités de cœur plutôt que par son apparence extérieure.

La féminité de la femme peut accentuer davantage les qualités du langage auditif, tandis que la masculinité de l'homme peut les atténuer.

L'émotivité

La personne d'énergie visuelle, qu'elle soit homme ou femme, se sert du raisonnement pour exprimer l'émotivité.

Elle exprime son émotivité par le raisonnement, la rigueur, l'inflexibilité, la fermeté, l'indifférence, la fougue, etc. dans un langage direct, volubile, prompt et impulsif.

Une impulsion naturelle l'incite à être protectrice envers ceux qui l'entourent (pourvoyeur).

Par son émotivité, elle exprime la beauté extérieure. À cause des sensations qu'elle éprouve, elle attache beaucoup plus d'importance à l'apparence extérieure et tient compte de ce qu'elle voit pour évaluer une personne.

Il est évident que la masculinité de l'homme peut amplifier davantage les qualités du langage visuel, tandis que la féminité de la femme peut les atténuer.

Cependant, la femme visuelle peut agir dans certaines circonstances selon les sentiments puisqu'elle est femme, mais elle conserve un comportement visuel.

L'homme auditif peut agir dans certaines circonstances selon les sensations puisqu'il est homme, mais il conserve un comportement auditif.

La manifestation des sentiments et des sensations

Il y a un monde de différence entre les sentiments et les sensations. Un sentiment se manifeste en douceur, contrairement à une sensation qui s'exprime avec ardeur.

Énergie auditive

La personne d'énergie auditive vit en tout temps de sentiments qu'elle manifeste dans un langage subtil.

Énergie visuelle

La personne d'énergie visuelle vit en tout temps de sensations qu'elle exprime dans un langage direct.

Mise en situation

Une déclaration d'amour

Comportement auditif

L'auditif manifeste ses sentiments subtilement et de manière constante. Dans certaines circonstances particulières, il tend vers l'émotionnel, mais il n'en demeure pas moins dans le monde des sentiments.

Comportement visuel

Le visuel exprime ses sensations directement et de manière constante. À l'occasion, dans une situation précise, il donne dans le sentimental, mais il reste tout de même dans le monde des sensations.

Commentaires

L'auditif dévoile subtilement ses sentiments, de façon indirecte et imperceptible, par des sous-entendus. Il les manifeste dans tous ses agissements, ses gestes et ses paroles.

Le visuel déclare ouvertement ses sensations, de manière directe et perceptible, avec des mots précis. Il les exprime dans **tous** ses agissements, ses gestes et paroles.

Auditif, dans votre mode de fonctionnement global, vous êtes généralement attentionné envers tout le monde, de façon continue et subtile; mais c'est par un ensemble d'attentions particulières que vous démontrez vos sentiments à une personne que vous aimez ou que vous affectionnez particulièrement.

Visuel, dans votre mode de fonctionnement détaillé, vous êtes concentré sur un point précis, c'est-à-dire que vous faites une chose à la fois, et, tout à votre affaire, votre attention ne se porte pas sur l'entourage, mais sur une personne ou une occupation particulière. Après, vous pouvez passer à autre chose. Vous choisissez un de ces moments de liberté pour déclarer vos sensations à une personne que vous aimez, avec paroles et gestes à l'appui.

Exemple :

Un auditif enlace sa conjointe visuelle, occupée à une tâche quelconque et lui demande : «Que prévois-tu faire ce soir?»

Par sa demande, l'auditif veut tout simplement manifester son amour à sa conjointe, car dans son langage, il lui dit : «Je t'aime, j'aime ta compagnie et j'aimerais être auprès de toi ce soir.»

Dérangée, sa conjointe riposte immédiatement : «Ce n'est pas le moment, une chose à la fois!» Quelques minutes plus tard, libérée de sa tâche, elle enlace son conjoint et lui déclare amoureusement : «Chéri, je t'aime, tu me plais, tu es beau, etc.»

Ne sachant pas qu'il l'a dérangée dans sa concentration, l'auditif ne comprend pas cette réaction brusque et se demande à quel jeu joue sa conjointe. À son avis, elle l'apostrophe sans raison puis, quelques minutes plus tard, lui exprime son amour de manière exagérée, car elle met trop d'intensité, d'ardeur et de gestes pour démontrer son amour.

La visuelle veut démontrer son amour à son conjoint, mais sa façon d'agir ne donnera pas le résultat escompté, car l'auditif pense que sa conjointe veut lui en mettre plein la vue. Par conséquent, lorsqu'elle lui manifeste ainsi son amour, il ne peut croire au sérieux et à la sincérité de sa conjointe ni à la véracité de son sentiment. Pour lui, un sentiment se manifeste en tout temps et non dans des occasions particulières.

Fâché, le conjoint pense : «Après m'avoir repoussé comme tu l'as fait et refusé mon amour, si tu penses que j'ai envie d'écouter tes déclarations d'amour...» et il peut répliquer à haute voix : «Ça va faire...» ou «Es-tu en train de te moquer de moi?»

La visuelle, dans le détail, n'attache aucune importance au comportement qu'elle a eu quelques minutes auparavant. Toute attentive aux déclarations qu'elle lui fait, elle peut croire que son conjoint est dépourvu de sentiments à son égard et même le trouver idiot de lui répondre de cette façon.

L'auditif aime les déclarations enflammées de sa conjointe, car par son écoute, elles lui permettent de développer et de renforcer davantage ses sentiments. Mais tout dépend du moment choisi pour la déclaration!

La visuelle apprécie le regard amoureux et romantique de son conjoint, car il produit chez elle une foule de sensations qui alimente son amour.

Les mots employés dans une déclaration d'amour diffèrent selon la personne, auditive ou visuelle, qui la fait.

L'auditif déclare son amour en disant : «Je t'aime.» Pour lui, il n'est pas nécessaire d'en dire plus, car ces mots renferment toute la profondeur de ses sentiments. Rajouter des mots équivaudrait à profaner ses sentiments, car il manifeste son amour en tout temps et en toute occasion.

Le visuel démontre ses sensations de façon directe, avec vivacité et ardeur, par une phrase éloquente : «Je t'aime, chéri. Tu es mon amour. Et toi, m'aimes-tu?»

Après une journée agréable, dans un moment propice à la confidence, la visuelle dit gentiment : «Je t'aime.» Dans cet instant privilégié, l'auditif répond sur un ton léger et avec douceur : «Moi aussi.»

À ce moment-là, l'auditif a la certitude que sa conjointe recevra et ressentira toute la sincérité de ses sentiments.

Pour la visuelle, étant donné qu'elle s'attend à un témoignage vibrant d'amour pour répondre à son ardeur, ce ton doux et léger passe inaperçu. Elle le perçoit comme une réponse banale, car elle ne ressent pas tous les sentiments dissimulés dans ces quelques mots. Mais ce message serait très évident pour un autre auditif, témoin d'une scène semblable.

Vous constatez que chacun a pu, à sa façon et selon son mode d'expression, mal interpréter le comportement de l'autre, être désillusionné et souffrir énormément.

Étant donné que l'auditif ne comprend pas le comportement de sa conjointe, il se sent bafoué dans ses sentiments, car il ne peut croire qu'elle n'en voit pas toute la beauté et tout l'amour qu'il lui offre avec tant de générosité.

Vu que la visuelle ne comprend pas le comportement de son conjoint, elle croit que celui-ci ne lui manifeste pas d'amour et se sent négligée, rejetée et pas aimée. C'est la raison pour laquelle elle lui reproche de ne pas lui dire ouvertement qu'il l'aime, avec des mots.

Auditif, pouviez-vous imaginer que toutes les mille et une attentions prodiguées pour manifester votre amour à votre conjointe étaient passées inaperçues à cause d'une différence de langage?

Visuelle, pouvez-vous maintenant imaginer un seul instant l'effet que produit chez votre conjoint une phrase telle que : «Tu ne me dis jamais que tu m'aimes.»? Un reproche semblable signifie pour l'auditif que vous reniez et refusez son amour!

LANGAGE UNIVERSEL

Dans le langage universel, l'union des sentiments et des sensations forme la complémentarité et consolide l'amour du couple.

PARTIE III

LA VIE QUOTIDIENNE

LA VIE QUOTIDIENNE offre mille et une occasions de vérifier l'énorme différence qui distingue l'auditif du visuel.

Dans diverses situations, vous remarquerez une différence de comportements chez l'auditif et chez le visuel :

– le rangement

– l'entretien de la maison

– la nourriture

– la décoration

– un souhait

– un cadeau

– le choix d'un vêtement

– une invitation

• Le rangement

La perception de l'ordre et du rangement revêt un point de vue tout à fait différent selon l'énergie utilisée, mais chaque point de vue est valable. Il faut savoir discerner une pièce rangée à la manière auditive ou à la manière visuelle, car cela peut même être une source de conflits.

Énergie auditive

La personne d'énergie auditive est pratique et aime l'esthétique dans l'ensemble.

Énergie visuelle

La personne d'énergie visuelle aime l'esthétique et est pratique dans le détail.

Mise en situation

Le rangement

Comportement auditif

L'auditif recherche dans une vue d'ensemble un côté esthétique, tout en étant pratique dans le détail.

Comportement visuel

Le visuel recherche dans le détail un côté esthétique tout en étant pratique dans la globalité.

Commentaires

L'auditif, en matière de rangement ou de décoration, s'attarde à l'ensemble du décor pour lui donner un aspect esthétique, sans toutefois attacher de l'importance à la finition.

Le visuel, en ce qui concerne le rangement et la décoration, porte une attention particulière à la finition, sans pour autant s'attarder à l'ensemble du décor.

L'auditif dispose les objets de façon à les retrouver avec facilité et rapidité, car il les observe dans son ensemble.

Le visuel empile les objets selon leur apparence, car il les repère facilement grâce au détail.

Si l'auditif cherche un objet rangé par le visuel, il lui demandera sûrement de l'aide, car pour sa vision globale, les objets sont entassés pêle-mêle et non repérables.

Visuel, si le rangement a été fait par un auditif, sachez qu'il le fait d'une façon différente de la vôtre, car ses critères de base en matière de rangement ne sont pas les mêmes; vous pourriez le croire négligent et être convaincu qu'il n'a pas rangé.

LANGAGE UNIVERSEL

Dans le rangement et la décoration, l'esthétique et le côté pratique sont respectés autant dans l'ensemble que dans la finition.

• L'entretien de la maison

Une fois encore, en matière de rangement et d'entretien, la manière de s'y prendre est différente pour chacun.

L'auditif, intériorisé, préfère ranger et nettoyer les endroits cachés ou du moins les moins fréquentés. Le visuel, extériorisé, préfère ranger et nettoyer les endroits exposés à la vue et les plus fréquentés.

Énergie auditive

La personne d'énergie auditive fait l'entretien ménager de façon générale.

Énergie visuelle

La personne d'énergie visuelle fait l'entretien ménager de façon détaillée.

Mise en situation

L'entretien de la maison

Comportement auditif

L'auditif entretient la maison de façon générale.

Comportement visuel

Le visuel entretient la maison de façon détaillée.

Commentaires

L'auditif passe l'aspirateur dans toutes les pièces pour ensuite ranger l'aspirateur et poursuivre avec l'époussetage.

Le visuel passe l'aspirateur dans une pièce et fait immédiatement l'époussetage avant de changer de pièce.

L'auditif, observant le visuel pense qu'il perd son temps.

Le visuel, pense que l'auditif est expéditif et qu'il n'aime pas nettoyer.

L'auditif, lorsqu'il fait un grand ménage, nettoie en commençant par tout ce qui ne paraît pas et termine par les endroits bien en vue.

Le visuel nettoie les endroits les plus fréquentés et termine par les moins exposés.

LANGAGE UNIVERSEL

Dans le langage universel, l'harmonisation des deux énergies, par la globalité et le détail, apporte l'équilibre des choses et assure la finition d'un travail.

• La nourriture

En matière d'alimentation, différents points distinguent l'auditif du visuel.

Énergie auditive

La personne d'énergie auditive aime les formes rondes.

Énergie visuelle

La personne d'énergie visuelle préfère les formes allongées.

Mise en situation

L'apparence des aliments

Comportement auditif

L'auditif aime la coupe des aliments de forme arrondie.

Comportement visuel

Le visuel préfère la coupe des aliments de forme allongée.

Commentaires

L'auditif aime généralement les aliments de forme arrondie (pommes de terre, rondelles de fruits ou de légumes). De plus, la plupart du temps, il apprécie que tous les aliments soient tranchés très minces (viandes, fruits et légumes).

Le visuel préfère des aliments coupés en cubes ou de forme alongée (pommes de terre frites, bâtonnets, dés ou quartiers). Il garnit l'assiette ou les sandwichs d'aliments coupés en tranches épaisses.

Auditif, ce n'est pas un caprice de votre part quand vous demandez une tranche de tomate mince.

Visuel, ce n'est pas de la gourmandise de votre part quand vous coupez un aliment en tranches épaisses. Avez-vous déjà pensé qu'en vous voyant couper une tomate en tranches épaisses, certains auditifs pourraient vous croire gourmand, égoïste, ne pensant pas aux autres?

LANGAGE UNIVERSEL

L'heureux mélange de formes arrondies et allongées décore et agrémente les plats, et apporte l'équilibre à l'œil observateur.

• La décoration

La décoration embellit votre environnement.

Après une journée de travail, il est agréable de se retrouver dans le confort et le décor chaleureux d'un foyer.

Si vous vivez en couple, il s'avère important de décorer
votre demeure à deux pour que chacun s'y sente à l'aise,
car vous y passez une bonne partie de votre vie.

Énergie auditive

La personne d'énergie auditive décore la maison pour
une durée indéterminée.

Énergie visuelle

La personne d'énergie visuelle décore la maison pour
une durée déterminée.

Mise en situation

La décoration intérieure

Comportement auditif

L'auditif choisit une décoration dans le but d'en profiter
le plus longtemps possible.

Comportement visuel

Le visuel choisit une décoration à la mode, avec l'intention de la changer à court terme.

Commentaires

L'auditif s'attache à son environnement. Il fait ses achats avec soin et pour longtemps. Il prend un certain temps à choisir tout ce qui concerne la décoration : peinture, type de planchers et de murs, ameublement, etc. Il réfléchit à la disposition des meubles afin de les installer de façon permanente selon leur utilité.

Le visuel aime renouveler son décor. Dans l'action, il est sensible aux changements et achète sur le coup d'une impulsion ce qui est à la mode, quitte à tout renouveler dans un proche avenir. Il déplace souvent les meubles pour faire du changement.

L'auditif choisit un style simple, pratique et classique dans lequel il se sent bien et s'accorde à l'ambiance de ce décor; il s'attarde à l'aspect visuel dans son ensemble. Il aime les grands espaces (indéfinis), mais s'accommode facilement d'un espace restreint.

Le visuel adopte parfois un style sophistiqué et s'attarde davantage à un détail pour rendre le décor attrayant, car il aime le regarder et l'admirer. Il aime les petits espaces (définis), car il s'y sent en sécurité.

LANGAGE UNIVERSEL

En matière de décoration, le respect et le mélange des goûts de chacun créent un heureux mariage de couleurs et de formes; petits et grands espaces sont joliment emménagés.

- **Un souhait**

Énergie auditive

La personne d'énergie auditive aime écouter.

Énergie visuelle

La personne d'énergie visuelle préfère voir.

Mise en situation

Un souhait de fête.

Comportement auditif

L'auditif préfère généralement recevoir de vive voix un souhait.

Comportement visuel

Le visuel préfère recevoir une carte de souhait.

Commentaires

L'auditif préfère recevoir un souhait de personne à personne ou un appel téléphonique plutôt qu'une carte de souhait, pour le plaisir d'écouter la voix d'une personne chère.

Le visuel préfère recevoir une carte de souhait pour le plaisir de la regarder à sa guise et pour ensuite la conserver.

Auditif, si votre conjointe vous donne une carte de souhait, vous appréciez son geste, mais le plaisir n'est pas comparable à celui que vous procure la lecture d'un souhait ou un appel téléphonique.

Visuelle, pour souligner votre anniversaire, si votre conjoint vous offre ses vœux de vive voix ou par téléphone, vous considérez qu'il a passé votre fête sous silence, car, pour vous, un véritable souhait est un souhait écrit.

LANGAGE UNIVERSEL

Pour offrir vos vœux, faites-vous doublement plaisir en donnant une carte et en lisant le texte à haute voix.

• Un cadeau

Énergie auditive

La personne d'énergie auditive aime un cadeau pratique.

Énergie visuelle

La personne d'énergie visuelle aime un cadeau personnel.

Mise en situation

Un cadeau

Comportement auditif

L'auditif, la plupart du temps, aime un cadeau pratique.

Comportement visuel

Le visuel, la plupart du temps, aime un cadeau personnel.

Commentaires

L'auditif, à cause de sa vision globale, aime recevoir en cadeau un objet pratique, utile et durable, qui peut lui faciliter la tâche et servir à une multitude de choses. Chaque fois qu'il l'utilisera, cela lui rappellera les sentiments qu'il éprouve envers la personne qui le lui a offert. D'ailleurs, c'est ce genre de cadeaux qu'il aime offrir pour faire naître le même sentiment chez l'autre.

Le visuel, à cause de sa vision détaillée, aime recevoir un cadeau qui servira dans une ou des circonstances particulières, pour un certain temps, comme une frivolité, un objet superflu ou décoratif qu'il prend plaisir à regarder, car il revit en images les sensations perçues et liées à ce cadeau. C'est le même genre de cadeaux qu'il aime offrir pour reproduire chez l'autre la même sensation.

Exemple :

Un auditif offre en cadeau, à sa conjointe visuelle, un lave-vaisselle, un set de vaisselle, une télévision.

Il est convaincu de lui faire un immense plaisir avec ces cadeaux et ressent déjà un sentiment de joie face au bonheur qu'elle aura de les utiliser.

Étant donné sa vision globale, l'auditif manifeste constamment son amour par des attentions délicates et le cadeau vient souligner plus particulièrement ses sentiments. Il considère l'emballage comme secondaire, une perte de temps et d'argent. De plus, cela exige pour lui de porter attention au détail. C'est la raison pour laquelle il y attache plus ou moins d'importance. Comme il offre des gros objets, il n'a pas besoin de les emballer.

La visuelle n'apprécie guère ces cadeaux et réplique vivement : «Ce ne sont pas des cadeaux, ça! Tu manques d'imagination. Tu aurais pu au moins y mettre un ruban décoratif!»

De son point de vue, elle considère que son conjoint est négligent et manque d'intérêt envers elle : pour elle, dans son mode d'expression, ces cadeaux ne sont pas personnels; ils sont pratiques et servent de plus à toute la famille. Son conjoint a même omis de prendre soin de la présentation! Ces cadeaux auraient cependant plu à une auditive, car c'est dans son mode d'expression.

L'auditif ne comprend pas la raison de cette vive réaction. Pour lui, ce comportement est inexplicable. Il considère que sa conjointe est exigeante. Dans sa générosité, il se demande ce qu'il lui offrira la prochaine fois pour lui faire plaisir, puisqu'elle ne sait pas apprécier ce qu'il lui offre avec amour.

Dans son langage, en rouspétant, en critiquant son choix ou en refusant son cadeau, c'est comme si elle le dénigrait et le rejetait lui-même, à cause des sentiments qui s'y rattachent. Il se demandera si sa conjointe l'aime vraiment et remettra sa vie de couple en cause.

De plus, il se dit ou parfois dit tout haut : «Rappelle-toi bien la fois où je t'ai fait un cadeau», ce qui signifie dans son langage «Il va se passer du temps avant que je te fasse un cadeau.» Chaque fois que l'auditif utilise cette phrase «Rappelle-toi bien la fois où je...», il exprime son mécontentement.

Exemple :

La conjointe visuelle, à son tour, offre en cadeau à son conjoint auditif : un bibelot décoratif, une toile de valeur.

Puisque sa vision est détaillée, elle porte un soin particulier à l'emballage parce qu'il fait partie du cadeau et que, de plus, elle est à l'aise dans tous les petits détails de finition. C'est la raison pour laquelle elle y attache autant d'importance. Peu importe la forme et la grosseur de l'objet, elle l'enveloppe méticuleusement.

Étant donné qu'elle aime cet objet, elle croit que son conjoint l'appréciera aussi et elle voit déjà tout le plaisir rattaché à cet événement (le cadeau et la fête donnée en son honneur) lorsque celui-ci recevra son cadeau.

Celui-ci n'apprécie pas toujours toute la mise en scène créée autour du cadeau; il est perplexe. Il se sent piégé et forcé de réagir, car tous les regards sont tournés vers lui. Comme on attend une réaction de sa part, il doit se dévoiler, ce qu'il considère comme une intrusion dans son jardin

secret. De plus, le déballage du cadeau prolonge ce sentiment. Il se questionne sur la raison de tout ce déploiement
d'énergie qui lui semble inutileà l'occasion de son anniversaire.

Déçu par la tournure que prend la fête, il trouve que
trop de temps est consacré à cet événement. En effet,
pour lui, une fête n'est pas forcément en relation avec un
événement précis; toutes les occasions sont bonnes pendant l'année pour se divertir, offrir un cadeau ou faire une
surprise, comme un souper au restaurant, une sortie au
concert, etc. Pendant la fête, même s'il n'en n'apprécie
pas le déroulement, il se tait pour ne pas blesser les gens;
il attend avec patience que la journée se termine pour se
retrouver en tête-à-tête avec sa conjointe.

Le soir, après la fête, l'auditif, désirant prolonger l'ambiance de la journée, enlace sa conjointe et lui suggère
amoureusement de s'asseoir devant un bon feu pour relaxer ensemble ou prendre un dernier verre pour le plaisir
d'être en sa compagnie. Mais elle le repousse et réplique
vivement qu'elle est fatiguée et contente que la fête soit
enfin finie pour pouvoir passer à autre chose.

Dans la vision détaillée de la visuelle, cette improvisation
n'est pas **pré**vue dans son horaire. La fête est terminée et
dans l'action, elle s'empresse de ranger la maison avant
d'aller se coucher, pour que tout soit propre le lendemain
dès son lever.

De plus, dans les jours suivants, la visuelle se plaint des
traces de souliers sur le plancher ou d'une grande fatigue.

L'auditif, dans sa vision globale, prend cela pour un
reproche et imagine être la cause de ces critiques. Il re-
grette d'être l'objet de tous ces dérangements et pense
qu'elle lui reproche de surcroît d'être une charge pour elle.
Il se dit : «À quoi cela sert-il de déployer tant d'énergie pour

une fête, si aussitôt terminée, elle me le reproche et n'apprécie pas ma compagnie? Il aurait mieux valu qu'elle passe cette fête sous silence et qu'elle me témoigne autrement son amour.»

La raison profonde qui fait agir les auditifs et les visuels n'est pas évidente ni pour l'un ni pour l'autre. Il serait faux de croire que l'auditif ne fait pas d'efforts lorsqu'il offre un cadeau et que le visuel est superficiel dans son choix.

LANGAGE UNIVERSEL

Dans le langage universel, la personne offre un cadeau de choix et répond aux goûts et aux besoins de l'autre.

• La préparation d'une réception

L'auditif aime plaisanter en tout temps et, pour lui, toutes les occasions sont bonnes pour s'amuser.

Le visuel aime également s'amuser, mais pour lui, il a un temps pour se divertir et un autre pour travailler.

L'auditif est joyeux, boute-en-train, taquineur, mais pince-sans-rire. Ses plaisanteries passent souvent inaperçues parce qu'une fois de plus, il le fait de façon subtile, car c'est dans son langage.

Le visuel est une personne de plaisir, de *party*, mais dans certaines occasions seulement. Il faut d'abord qu'il termine le travail commencé.

À tort, on considère l'auditif comme un trouble-fête. Mais pour lui, chaque instant de la journée peut prendre l'allure d'une fête malgré le sérieux exigé par un travail. Ce travail peut vite se transformer en une agréable partie de plaisir. Il aime faire la fête, mais celle-ci ne doit pas lui être imposée.

Dans son travail, le visuel garde une attitude réservée et concentrée. Mais dans une fête, il est l'un des premiers à animer la soirée.

Pour l'auditif, les étapes de la préparation d'une fête sont aussi importantes que la fête elle-même, qu'elle soit intime ou autre. Généralement, il préfère une fête qui rassemble quelques personnes (famille, amis, etc.) pour recréer une ambiance chaleureuse. Il y prend plaisir, car cela lui donne l'occasion d'innover et d'apporter sa touche personnelle. Une fois la fête terminée, il éprouve autant de plaisir à s'en souvenir que des préparatifs qui l'ont précédée.

Pour le visuel, à cause de son côté social très développé, une fête représente un grand rassemblement et chacune des étapes peut devenir une corvée. Il veut reproduire avec exactitude l'image qu'il s'est faite antérieurement de cette fête. Dès que l'image apparaît, il aimerait qu'elle se soit déjà passée ou qu'elle ait lieu rapidement. C'est une chose qui doit se réaliser au plus vite afin qu'il puisse admirer le résultat de ses démarches. Mais les énormes efforts qu'il s'impose par son souci du détail viennent parfois assombrir la joie à laquelle il se préparait depuis si longtemps.

Au fur et à mesure que l'événement approche, d'autres images surgissent et ajoutent de la pression. De plus, souvent, la fête ne se déroule pas exactement comme l'image **pré**vue.

Une fois la fête terminée, il tourne la page et cet événement va en rejoindre d'autres déjà enregistrés; c'est une image de plus à conserver dans sa banque de données, une image qu'une parole ou une situation fera resurgir.

Le visuel recherche les sensations et chaque fois qu'il en vit une, il l'exprime à haute voix et avec éclat, qu'il s'agisse de sentiments ou d'autre chose. Il ne peut concevoir qu'il en soit autrement.

LANGAGE UNIVERSEL

Dans le langage universel, la préparation d'une réception se fait dans l'harmonie. Les habitudes de l'un et de l'autres sont synchronisées, ajustées et respectées.

• Le choix d'un vêtement

En matière de vêtements, les goûts sont aussi très partagés.

Énergie auditive

La personne d'énergie auditive recherche le côté pratique.

Énergie visuelle

La personne d'énergie visuelle recherche le côté esthétique.

Mise en situation

Une sortie

Comportement auditif

L'auditif recherche surtout le côté pratique du vêtement.

Comportement visuel

Le visuel recherche l'apparence, le chic du vêtement.

Commentaires

Dans le couple, les goûts sont totalement différents en matière de vêtements.

En tout temps, l'auditif aime s'habiller simplement, pour être à l'aise; mais à l'occasion, il peut s'habiller très chic.

En tout temps, le visuel aime être bien mis et, à l'occasion, il peut s'habiller simplement. Mais en dépit de la simplicité du vêtement, on retrouve toujours dans celui-ci le souci du détail auquel l'auditif est sensible; en effet, il apprécie cette fierté du visuel, sans toutefois l'exprimer à haute voix.

L'auditif est fier, mais à cause de sa vision globale, il lui manque souvent un détail dans l'ensemble (paire de chaussettes assortie) pour compléter sa toilette.

Le visuel est habituellement très fier dans les moindres détails et à cause de sa vision détaillée, il ajoute une parure (foulard, bijou, etc.) à sa toilette.

Auditif, ce qui vous attire, c'est le confort (tissu, coupe) et l'exclusivité du vêtement.

Visuel, vous préférez la mode, l'apparence et la beauté d'un vêtement, même s'il est moins confortable.

Auditif, vous préférez les vêtements aux motifs discrets et de forme arrondie, et les couleurs unies plutôt que les teintes pastel.

Visuel, vous préférez les vêtements aux couleurs vives, aux motifs voyants et de forme linéaire.

Le respect des choix

Un auditif aime se vêtir simplement, même trop simplement au goût de sa conjointe et celle-ci, très fière, lui impose ses goûts (chemise à rayures, etc.) en matière de vêtements ou lui indique comment s'habiller pour une sortie.

Par exemple, elle se rend compte qu'il porte souvent le même vêtement (chemise unie) et elle lui en fait le reproche, allant même jusqu'à ridiculiser son choix en public.

Lorsque cette visuelle achète des vêtements pour son conjoint, elle est bien intentionnée. Mais aimerait-elle que son conjoint choisisse ses vêtements à elle et lui impose ses goûts si différents des siens?

Auditif, vous aimez le calme par-dessus tout et vous préférez souvent vous taire plutôt que d'engager une discussion. Mais si le respect s'installe entre vous deux, vous exprimerez davantage vos goûts. De plus, étant donné que vous n'accordez pas autant d'importance à votre apparence extérieure, vous solliciterez spontanément de votre conjointe des suggestions en matière de vêtements, car vous savez reconnaître sa facilité d'harmoniser les couleurs.

Visuelle, vous vous plaignez parfois de l'habillement de votre conjoint parce qu'il porte souvent le même vêtement. Mais vous vous rendrez vite compte que le vêtement qu'il porte est celui qu'il a choisi pour son confort, sa couleur, sa matière, etc. Au lieu de lui dire qu'il porte toujours le même vêtement, dites-lui plutôt que tel vêtement lui va bien. En le respectant dans son choix, il se sentira à l'aise d'exprimer ses goûts.

LANGAGE UNIVERSEL

La diversité dans le choix vestimentaire permet un heureux mélange de formes et de couleurs.

• Une invitation

Énergie auditive

La personne d'énergie auditive aime une vie privée.

Énergie visuelle

La personne d'énergie visuelle aime la vie publique.

Mise en situation

Une sortie

Comportement auditif

L'auditif aime les sorties en petit groupe. Généralement, ses activités sociales sont peu nombreuses, car il ne s'agit pas pour lui d'un besoin essentiel.

Comportement visuel

Le visuel aime les rassemblements, la foule. Générale-ment, il a de nombreuses activités sociales, car elles sont essentielles à son épanouissement.

Commentaires

L'auditif préfère recevoir une invitation, ce qui revêt pour lui un caractère spécial. Lorsqu'il est invité à une soirée, cela signifie que l'autre désire et apprécie sa compagnie.

Le visuel prend les devants et n'attend pas forcément de recevoir une invitation. Quand il en reçoit une, il l'apprécie tout de même, car elle représente une activité de plus à inscrire dans son agenda. Il aime les activités sociales et navigue avec aisance dans ce monde.

Auditif, si votre conjointe vous invite à une soirée, vous vous attendez à ce qu'elle passe la soirée ou du moins une partie de la soirée avec vous, car dans votre langage, si une personne vous demande de l'accompagner, c'est surtout pour le plaisir d'être avec vous.

Visuelle, si votre conjoint vous invite à une soirée, c'est pour vous l'occasion rêvée de rencontrer des gens et de faire du social.

Auditif, dès votre arrivée, vous présentez votre conjointe ou votre invité. Vous vous attendez donc aux mêmes égards de sa part.

Visuelle, vous n'attendez généralement pas d'être présentée. Peu importe que vous connaissiez ou non les personnes présentes, vous vous faufilez facilement dans un groupe ou vous vous introduisez dans la conversation sans autre forme de présentation.

Auditif, lorsque vous êtes délaissé, vous vous tenez en retrait dans l'espoir d'apercevoir une de vos connaissances ou de repérer une ou des personnes avec lesquelles vous aimeriez passer la soirée.

Visuelle, aussitôt arrivée, vous êtes heureuse de rencontrer des gens pour parler de sujets légers (faire du social) et pour avoir du plaisir. Vous vous joignez immédiatement à d'autres personnes et, sans vous en rendre compte, vous oubliez parfois votre conjoint ou votre invité, qui peut passer la soirée seul.

Auditif, cette manière d'agir de votre conjointe vous donne l'impression qu'elle connaît tout le monde et qu'elle vous abandonne pour rejoindre des amis. Selon vous, puisqu'elle vous a invité, elle devrait en principe désirer et apprécier votre compagnie. Étant donné qu'elle vous délaisse pour ses amis, elle vous fait un affront. Parfois, vous pensez qu'elle vous prend pour un imbécile, qu'elle a honte de vous, qu'elle ne vous aime pas et que c'est sa manière à elle de vous démontrer que les autres personnes sont plus importantes que vous à ses yeux.

Dans l'action, visuelle, vous n'avez pas forcément remarqué l'attitude réservée et retirée de votre conjoint. Si vous vous en apercevez, vous mettez cela sur le compte de la timidité ou vous croyez qu'il veut gâcher votre soirée. Vous direz peut-être : «Il n'a qu'à faire comme moi, se débrouiller, s'amuser.»

Auditif, lorsque vous êtes délaissé par votre conjointe dans une soirée, vous vivez un sentiment d'instabilité parce que vous vous attendez à être présenté comme vous le faites vous-même généralement et parce que le fait de ne pas l'être sous-entend qu'elle a honte de vous. S'il vous arrive d'être délaissé, prenez cela avec un grain de sel et sachez que la visuelle agit sans aucune arrière-pensée.

Visuelle, si vous accompagnez votre conjoint à une soirée quelconque, vous savez maintenant pourquoi celui-ci attache autant d'importance à votre compagnie et au fait d'être présenté. Si vous demeurez auprès de lui un certain temps pour qu'il se familiarise à l'ambiance, si vous lui présentez quelques personnes et si vous passez une partie de la soirée avec lui, celle-ci lui sera très agréable; il l'appréciera et il en gardera un très bon souvenir.

Visuelle, la prochaine fois que vous inviterez votre conjoint, il se fera un plaisir de vous accompagner. Mais si vous le délaissez toute la soirée sans le présenter, il se sentira à l'écart et croira, par votre attitude, que vous n'appréciez pas sa compagnie. Il s'imaginera que vous ne lui attachez aucune importance. C'est la raison pour laquelle il désire partir plus tôt que prévu, ce qui peut gâcher votre soirée. Il refusera peut-être de vous accompagner la prochaine fois, ce qui pourra vous laisser supposer et vous faire dire qu'il n'aime pas les sorties. Cependant, l'auditif aime le plaisir et les sorties, c'est un fêtard-né!

Si l'auditif a passé plusieurs soirées seul dans un coin, dans sa globalité, il accumule et associe ces faits à bien d'autres événements. Il profite alors d'une réunion de famille ou entre amis pour sensibiliser sa conjointe et lui faire savoir par une courte phrase qu'il n'apprécie pas sa façon de se comporter envers lui.

Mais comme la visuelle est dans le détail et que chaque événement est un fait isolé, elle ne comprend pas la raison de l'agissement de son conjoint; elle trouve le moment choisi inopportun et la phrase déplacée.

LANGAGE UNIVERSEL

Quel bonheur de s'épanouir à deux dans l'intimité, tout en ouvrant des horizons vers des activités familiales, amicales et sociales pour apporter une dimension nouvelle au couple.

PARTIE IV

LE COUPLE

DANS LE PLAN DE LA CRÉATION, il existe une différence entre les deux sexes (féminin et masculin) et une distinction entre les deux énergies (auditive et visuelle), afin de créer l'équilibre pour former une union parfaite, à l'intérieur comme à l'extérieur. La Vie elle-même ne saurait exister sans l'union de ces deux énergies.

Toute personne, consciemment ou inconsciemment, recherche la complémentarité, à l'intérieur comme à l'extérieur d'elle-même.

Ce besoin de complémentarité est naturel et fondamental à tout être humain.

Tout comme le principe des aimants qui s'attirent et se soudent, les deux sexes et les deux énergies s'attirent irrésistiblement pour s'unir.

Il est tout à fait normal d'éprouver un attrait pour une personne d'énergie et de sexe différents. Cet élan naturel favorise la formation harmonieuse d'un couple parfait par l'union d'un homme et d'une femme d'énergie différente (auditif-visuel), afin d'alimenter et de perpétuer le mouvement de l'énergie de la création à l'intérieur de chaque conjoint, dans le couple et dans l'Univers; sinon, le mouvement de l'énergie serait faussé.

Deux personnes d'énergie auditive ou deux personnes d'énergie visuelle peuvent s'unir dans le but de former un couple. Mais cette union n'est que physique et sexuelle, parce qu'uniquement due à la masculinité de l'homme attiré par la féminité de la femme.

Cette union crée des imperfections dans l'énergie du couple et dans l'énergie de chacun des conjoints. L'utilisation de la même énergie provoque un déséquilibre et non une création sur le plan de l'énergie, car il n'y a plus complémentarité, mais surplus de la même énergie.

Toutefois, une bonne entente est possible entre deux personnes de même énergie, mais pas pour former un couple. En effet, la monotonie s'installe rapidement puisqu'il n'y a rien pour alimenter ce supposé couple et assurer la complémentarité.

Un processus semblable se produit dans l'énergie d'un couple formé de deux hommes ou de deux femmes, mais le déséquilibre est davantage accentué. Ce couple ne peut créer et ces deux personnes ne peuvent renouveler leur énergie ni à l'intérieur d'elles-mêmes, ni à l'extérieur, car elles utilisent la même énergie. De ce fait, il se forme des espaces vides dans leur énergie, ce qui endommage sérieusement l'énergie de leur corps et peut provoquer une maladie qui conduit rapidement à l'autodestruction.

Le temps est venu pour l'énergie de reprendre son mouvement naturel, afin de rétablir l'harmonie du début de la création.

Un couple parfait est formé d'un homme visuel et d'une femme auditive, ou d'un homme auditif et d'une femme visuelle.

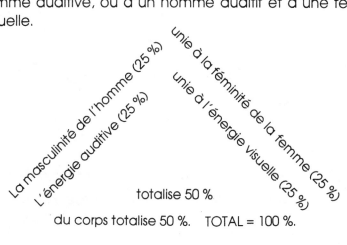

La masculinité de l'homme (25 %)
L'énergie auditive (25 %)
unie à la féminité de la femme (25 %)
unie à l'énergie visuelle (25 %)

totalise 50 %

du corps totalise 50 %.   TOTAL = 100 %.

L'être humain et le couple sont créés pour ne former qu'**Une** seule énergie.

L'aspect physique

Il faut tenir compte d'un fait important sur le plan de l'énergie : l'homme est émetteur et la femme réceptrice. De même que l'énergie auditive reçoit, l'énergie visuelle donne.

La féminité

Pour concevoir le corps de la femme et créer la féminité, Dieu s'est inspiré de la beauté et du raffinement des éléments qui composent l'Univers.

Sur le plan physique, le corps de la femme, par sa féminité, possède tous les organes essentiels pour recevoir, lors de l'acte sexuel, la semence de l'homme, le grain de Vie nécessaire pour enfanter.

À l'exemple de la terre, le corps de la femme contient tous les éléments pour recevoir le grain de la semence et le corps de l'homme possède tout ce qu'il faut pour l'ensemencer, afin de concevoir un enfant.

La masculinité

Pour concevoir le corps de l'homme et créer la masculinité, Dieu s'est inspiré de la solidité et de la robustesse des éléments de l'Univers.

Sur le plan physique, le corps de l'homme est pourvu de tous les organes nécessaires pour donner le grain de Vie lors de l'acte sexuel.

L'apparence physique

L'homme a la fierté de son apparence, qu'il soit auditif ou visuel. Pourquoi? Parce que ses organes génitaux sont apparents et externes.

L'homme auditif attache une certaine importance à son apparence physique, sans toutefois l'exagérer, car son énergie est plutôt orientée vers l'intérieur.

L'homme visuel attache une très grande importance à son apparence physique et à la forme de ses organes génitaux, à cause de son énergie qui est plus tournée vers l'extérieur. L'image que lui renvoie son corps crée chez lui une sensation de fierté ou de complexe.

La femme auditive, tout comme l'homme auditif, attache une certaine importance à son apparence physique, sans toutefois l'exagérer, car son énergie est encore plus orientée vers l'intérieur.

Comme pour l'homme visuel, la femme visuelle est aussi tournée vers l'extérieur, donc elle attache de l'importance aux formes de son corps, à son apparence extérieure. La forme et la proportion de ses seins peuvent développer chez elle un sentiment de fierté ou un complexe.

La virilité

La virilité constitue tout ce qui a trait à la masculinité de l'homme, car elle concerne son épanouissement et sa maturité sexuelle par rapport à son sens reproducteur, dans le don et la reproduction du grain de Vie, ce qui le fait se sentir homme et le pousse à former un couple.

La conceptivité[1]

La conceptivité constitue tout ce qui concerne l'épanouissement et la maturité sexuelle de la femme, en ce qui a trait à la conception et au sens maternel, dans la réception et le développement du grain de Vie, ce qui la pousse à désirer donner la Vie de toutes les fibres de son être.

L'apparence physique de l'homme est différente de celle de la femme, mais leur corps respectif est composé d'énergie et chacune des parties de leur corps comporte les deux énergies.

---

1. Étant donné qu'aucun mot n'existe pour définir toute l'importance que prend la conception et le sens maternel chez la femme, en référence à toute l'importance que prend la virilité chez l'homme, je crée le mot «conceptivité».

L'aspect énergétique

Comme la nature a bien fait les choses!

Sur le plan énergétique, dans la formation d'un couple, la personne retrouve chez l'autre la partie (auditive ou visuelle) essentielle à son épanouissement. Cette partie complète l'énergie développée et reçue à sa naissance.

Quel que soit le sexe (homme ou femme), quelle que soit l'énergie (auditive ou visuelle), personne n'est supérieur; tout le monde est simplement différent, égal et complémentaire.

La sexualité

La sexualité prend un sens différent pour chacune des deux énergies.

La personne d'énergie auditive donne à la sexualité un caractère sentimental (sentiments).

La personne d'énergie visuelle donne à la sexualité un caractère sensationnel (sensations).

Pour l'auditif, la sexualité fait partie d'un ensemble et revêt un caractère sentimental (sentiments). La relation sexuelle lui permet de transmettre de façon concrète tout ce qu'il ressent pour sa conjointe. L'auditif, très amoureux et sentimental, aime souvent manifester son amour dans une relation sexuelle. Immédiatement après la relation, pour conserver la magie de ce moment, il savoure en silence l'intensité de ce beau sentiment partagé. Entre les relations sexuelles, par sensibilité, il maintient et prolonge ce sentiment en étant prévenant envers sa conjointe et en la comblant de petites attentions.

Pour le visuel, la sexualité est liée à l'acte sexuel lui-même et grâce à cette relation, elle revêt un caractère sensationnel (sensations). Dans l'acte sexuel, son émotivité le pousse à reproduire chez sa conjointe toutes les sensations que celle-ci fait naître en lui. Le visuel, très amoureux et émotionnel, aime revivre d'anciennes sensations; il multiplie donc la fréquence de ses relations sexuelles. Aussitôt la relation terminée, le visuel exprime sa satisfaction à haute voix et vérifie si sa partenaire est satisfaite. Entre les relations, pour prolonger le plaisir et alimenter ses sensations, il comble sa conjointe d'attentions matérielles (soupers au restaurant, cadeaux, etc.).

L'auditif continue de développer et d'alimenter ses sentiments en imaginant en pensée la meilleure façon de démontrer à sa conjointe la profondeur de ses sentiments et il cherche à lui rendre agréable chaque instant de sa journée par tous les moyens possibles.

Le visuel vit constamment dans les sensations et au contact de sa conjointe, des images apparaissent sur son écran intérieur, dont certaines peuvent revêtir un caractère sexuel. Toutes ces images font naître en lui un désir, et pour répondre à ce désir, il charme sa conjointe en la comblant sur le plan matériel.

Pour l'auditif, tout ce qui concerne sa vie de couple, surtout sur le plan sexuel, est intime et doit demeurer secret.

Pour le visuel, tout ce qui se rapporte à sa vie de couple ou à ses relations sexuelles peut être partagé, car ces échanges lui fournissent des renseignements qui peuvent l'amener à améliorer sa relation de couple ou trouver une solution si nécessaire.

La décence

L'auditif, dans son mode d'expression intériorisé, enveloppe ses sentiments de mystère, tout particulièrement sa sexualité. Mais en tout temps, dans le respect, il est à l'aise de discuter de la sexualité comme de tout autre sujet d'ailleurs.

Pour le visuel, dans son mode d'expression extériorisé, la sexualité est un sujet qu'il aborde fréquemment et il est à l'aise de parler de la sienne.

L'auditif aime plaisanter sur des faits divers, mais rarement à propos de la sexualité; de façon générale, l'auditif est réservé face à une blague à caractère sexuel. S'il lui arrive de plaisanter sur ce sujet, il le fera dans des circonstances particulières, sans doute avec gêne et maladresse, car il a l'impression de mettre à nu ses sentiments, ce qui ne correspond pas à son mode de fonctionnement.

Pour le visuel, la sexualité devient vite un sujet de conversation et il trouve agréable d'en plaisanter dans une réunion de famille ou entre amis. Lorsqu'il plaisante, cela devient pour lui un fait isolé, ces blagues ne concernent en rien sa vie intime; il est tout simplement en train de s'amuser. Une parole ou une photo à caractère sexuel provoque chez lui des sensations, qui suscitent à leur tour des images. Cette rapide succession d'images qui défilent sur son écran intérieur l'amènent à plaisanter sur la sexualité et à exagérer sa performance sexuelle.

En groupe ou dans l'intimité, l'auditif qui écoute le visuel plaisanter à ce sujet peut le trouver déplacé et vulgaire. Sur une fausse impression, l'auditif peut considérer comme vulgaire et irrespectueux le visuel qui plaisante sur la sexualité, car il croit que celui-ci rapporte des faits sur sa propre vie intime pour ridiculiser sa conjointe. Poussé à l'extrême, dans un groupe, l'auditif pensera qu'un visuel le ridiculise, lui et sa conjointe.

Le visuel qui observe l'auditif peut considérer celui-ci comme prude et ennuyeux.

L'auditif, qui vit un malaise profond avec sa conjointe, lui en fait part directement. Mais si elle ne change pas d'attitude, il peut profiter d'une réunion familiale et considérer ce moment comme idéal pour dévoiler, à travers ses plaisanteries, une partie de ce qu'il ressent. En s'adressant à une personne en particulier, il glisse subtilement un message à sa conjointe afin de la sensibiliser à ses sentiments ou au malaise qu'il ressent dans son couple.

L'auditif est convaincu que sa conjointe visuelle a bien reçu son message, mais si elle ne connaît pas le langage auditif, est-elle en mesure de déceler le message donné, vu que son monde est fait d'images et de sensations plutôt que de pensées et de sentiments?

Le visuel, vivant un malaise dans son couple, passe un message à sa conjointe directement, sans détour. Mais il profite surtout d'une réunion de famille ou d'une fête entre amis pour faire part de son malaise. Il se plaint du comportement de sa conjointe, afin de recevoir un appui moral et obtenir des renseignements qui pourraient l'aider à modifier le comportement de l'autre.

La fidélité

Dans un couple, par ignorance du comportement des deux énergies, l'un des conjoints ou les deux peuvent se sentir privés du besoin essentiel qu'est la complémentarité. Pourquoi? Parce qu'ils ne savent pas reconnaître la différence chez l'autre et ne sont pas conscients que cette énergie, qui ne correspond pas à leur mode d'expression, leur apporte la complémentarité, cette partie essentielle à leur épanouissement.

Plutôt que de s'unir à cette énergie différente, l'auditif croit que sa conjointe refuse de collaborer et il la trouve obstinée et têtue. De son côté, le visuel essaie de changer le comportement de sa conjointe et croit que celle-ci le contrôle lorsqu'elle garde ses positions[1].

À la longue, déçu et insatisfait du comportement de l'autre, le conjoint peut se sentir repoussé et bafoué dans

---

1. Ces agissements se reproduisent dans toute relation auditive-visuelle, que ce soit dans la famille, le milieu du travail, la société en générale.

son amour. Le besoin inconscient de l'autre énergie ainsi qu'un certain attrait le poussent à rechercher, dans une simple relation sexuelle, une solution à un besoin qu'il ne pense que physique. Il croit trouver la solution, mais il se méprend sur ce réel besoin, car cette solution est superficielle et ne comble pas son manque, qui est beaucoup plus profond. Cette relation l'éloigne de son couple et de façon inconsciente, il se le reproche.

Toujours dans le but de combler ce besoin fondamental, il continue de chercher ailleurs cette complémentarité en choisissant une partenaire d'un soir ou une relation stable en dehors du couple. Désillusionné, après quelques expériences, il se sent pris au piège, blasé, déçu et amer. Il se reproche ces aventures passagères ou permanentes et s'en veut d'avoir trompé sa conjointe.

Celui qui vit de telles expériences ne trompe pas son conjoint : il se trompe lui-même. Ces tromperies, semblables aux méfaits du voleur, lui dérobent des moments de tranquillité, de paix et de bien-être, car la crainte d'être surpris et dévoilé tourmente sa conscience.

Entretemps, s'il n'apprend pas le langage de l'autre, il s'enferme et vit dans ce monde d'illusions et de mensonges sans espoir de trouver une issue. Tout est à recommencer.

Pourtant, ce qu'il recherche si intensément, son conjoint le lui offre sur un plateau d'argent, mais comme il ne sait pas décoder son langage, il n'en est forcément pas conscient.

Pour la réussite d'une vie à deux, il est essentiel qu'au moins l'un des conjoints ou les deux comprennent le langage de l'autre, comme pour un couple mixte (Français-Anglais). La compréhension fait naître le respect et conduit à la fidélité.

L'art de la séduction

Dans l'art de la séduction, la connaissance du comportement des deux sexes et des deux énergies est indispensable pour établir une relation harmonieuse.

Pour être conforme à l'énergie, le rôle de l'homme, par sa masculinité, est de donner et par le fait même de prendre l'initiative et de séduire, tandis que le rôle de la femme, par sa féminité, est de recevoir, d'attirer et de se laisser séduire.

Cependant, chez un couple formé d'un homme auditif et d'une femme visuelle, les rôles sont parfois inversés. L'homme reçoit au lieu de donner et la femme donne au lieu de recevoir.

Par contre, à cause de l'énergie, on retrouve un autre phénomène chez le couple formé d'un homme visuel et d'une femme auditive. L'homme donne sans recevoir et la femme reçoit sans donner.

Dans un orchestre symphonique, le chef d'orchestre donne le signal de départ et dirige la musique. Il en est ainsi pour l'homme. En suivant l'énergie, il fait les premières avances et dirige les jeux de la séduction. Le musicien, en accord, répond au signal et suit le rythme du chef d'orchestre. Il en est de même pour la femme. En suivant l'énergie, elle répond aux avances en accordant son rythme à celui de l'homme.

Dans un orchestre, le musicien est aussi important que le chef d'orchestre, et pour obtenir une belle symphonie, chacun doit être à sa place et bien jouer sa partition. S'il fallait que toute personne jouant d'un instrument décide de jouer quand bon lui semble, à sa façon et à son rythme, l'harmonie en serait brisée.

Quelle que soit l'identité, auditive ou visuelle, si l'homme n'a pas équilibré les deux énergies à l'intérieur de lui-même, le jeu de la séduction de l'auditif passera souvent inaperçu; il sera trop discret. Quant au visuel, il deviendra trop voyant; ce sera un séducteur (macho).

De même, si la femme auditive ou visuelle n'a pas équilibré ses deux énergies à l'intérieur d'elle-même, le jeu de l'auditive passera inaperçu, elle sera trop effacée. Quant à la visuelle, elle deviendra trop voyante; ce sera une enjôleuse.

L'équilibre de l'énergie joue un rôle important dans l'art de la séduction et un déséquilibre engendre la dysharmonie.

Lorsque l'énergie est faussée, l'homme auditif est effacé ou, au contraire, il adopte le comportement du visuel et devient très séducteur. De son côté, dans une première approche, si la femme visuelle prend l'initiative et tente de séduire par des avances , elle brise dès le début ce qui aurait pu devenir une belle relation amoureuse. De plus, si lors d'une relation sexuelle, elle fait les premiers pas, elle en brise également l'harmonie, en la faussant. La femme auditive peut être très effacée, se tenir en retrait ou adopter le comportement de la femme visuelle, et devenir trop voyante. Cela crée une dysharmonie dans la relation amoureuse. C'est à se demander qui fait quoi!

Pour obtenir une symphonie harmonieuse, chacun doit être à sa place et jouer sa partition. L'homme reprend son rôle initial d'émetteur et fait les premières avances. La femme reprend son rôle de réceptrice et répond aux avances de l'homme.

Le musicien a toujours le choix de faire partie ou non d'un orchestre, tout comme la femme a toujours le choix de participer ou non aux jeux amoureux. Être réceptrice ne signifie pas pour autant être soumise, passive ou obligée d'accepter toutes les avances. Dans l'harmonisation de sa partition, elle répond aux avances en suivant le mouvement naturel de son corps, selon son rythme et sa résonance.

Dans sa manière de séduire, l'homme auditif sera différent de l'homme visuel.

L'homme auditif, réservé, séduit selon une stratégie subtile; il est charmant. L'homme visuel, démonstratif, séduit en dévoilant ouvertement sa stratégie; il est charmeur.

La femme auditive, réservée, s'entoure de mystère; elle est séduisante. La femme visuelle, démonstrative, se dévoile au grand jour; elle est attirante.

L'attitude de la femme auditive ressemble davantage à celle de l'homme auditif, tandis que l'attitude de la femme visuelle se rapproche plus de celle de l'homme visuel.

L'homme auditif est discret pour séduire la femme de son choix et l'homme visuel est chaleureux pour attirer la femme convoitée.

La femme auditive est discrète pour plaire à l'homme de ses rêves et la femme visuelle est démonstrative pour attirer l'homme désiré.

Dans le langage auditif, le regard est un atout important pour séduire et, dans le langage visuel, les mots sont essentiels pour séduire.

L'auditif, dans son mode d'expression, n'utilise habituellement pas son regard ni des gestes pour communiquer; mais un regard et des gestes tendres deviennent des atouts importants pour exprimer ses sentiments et charmer celle qu'il aime. Le visuel, contrairement à l'auditif, utilise régulièrement son regard et fait des gestes pour communiquer, même si son intention n'est pas de séduire.

Le visuel, dans son mode d'expression, parle généralement à voix haute et avec beaucoup de détails; mais
lorsqu'il veut conquérir celle qu'il aime, il lui chuchote des
mots tendres à l'oreille et l'entoure de petites attentions
pour exprimer ses sensations. Si l'auditif chuchote, ce n'est
pas dans le but de charmer.

Dans le jeu de la séduction, l'auditif équilibré est sensible
aux mots doux et aux petites attentions de sa conjointe. Le
visuel équilibré est ému par le regard charmeur et les gestes
tendres de sa conjointe.

Pour vivre une vie de couple harmonieuse, chacune des
deux personnes qui le composent doit d'abord établir l'harmonie à l'intérieur d'elle-même.

Si une seule personne s'harmonise dans le couple, à
l'exemple d'une personne bilingue, celle-ci est en mesure
de s'ajuster et de comprendre son conjoint et son langage.

Il en va autrement pour le conjoint resté unilingue. Si les
personnes de son entourage, les membres de sa famille, ses
amis et ses confrères communiquent avec lui dans un langage différent du sien, ou si lui-même et sa conjointe communiquent avec ces personnes, il ne peut traduire leur
langage.

La personne bilingue est à l'aise, peu importe l'endroit où
elle se trouve, mais la personne unilingue est limitée dans sa
communication. De plus, en observant son conjoint ou sa
conjointe communiquer avec les autres, elle peut imaginer
qu'elle le comprend et se forger rapidement une fausse
opinion sur les agissements des autres.

Le couple reflète l'image des deux personnes qui le
composent, car chacune de ces personnes transpose et
reproduit dans le couple le même état d'être qu'elle possède à l'intérieur d'elle-même.

• L'attrait

Les raisons profondes qui attirent les conjoints l'un vers l'autre sont différentes pour chacune des deux énergies.

Énergie auditive

La personne d'énergie auditive aime une personne dans sa globalité.

Énergie visuelle

La personne d'énergie visuelle aime une personne pour un ou des détails.

Mise en situation

Dans le quotidien

Comportement auditif

L'auditif apprécie sa conjointe pour l'ensemble de ce qu'elle représente.

Comportement visuel

Le visuel apprécie sa conjointe pour un ou quelques points précis.

Commentaires

L'auditif, en matière d'attirance, tient compte de la personne dans son ensemble.

Le visuel, lorsqu'il est attiré par une personne, est fasciné par un ou quelques points précis.

L'auditif promène son regard de façon globale, en observant sa compagne, tandis que le regard du visuel est attiré par une partie du corps en particulier.

Une déclaration d'amour

Auditif, si une personne vous demande pourquoi vous l'aimez, vous lui répondez que vous l'aimez pour tout ce qu'elle représente, car vous ne sauriez lui en énumérer les raisons.

Visuel, si la même question vous est posée, vous répondez immédiatement en énumérant en détail les raisons pour lesquelles vous l'aimez.

L'auditif, dans la globalité, déclare son amour de façon continue, est très attentionné et répond de mille et une façons aux besoins de l'autre; c'est sa manière de lui démontrer son amour.

Le visuel, dans le détail, déclare son amour dans un moment précis, comme un fait isolé. Cela fait, il passe à autre chose.

La plupart du temps, l'auditif manifeste son amour dans ses gestes, ses attentions, son langage; c'est sa manière de l'exprimer. Mais il le fait de façon si subtile que cela passe très souvent inaperçu pour sa conjointe visuelle. Par exemple, l'auditif dira : «Que prévois-tu faire aujourd'hui?» et cette phrase signifie : «J'aime être auprès de toi, en ta compagnie.»

La visuelle profite d'une occasion particulière pour déclarer ouvertement son amour à son conjoint, par des mots doux. Par exemple, elle dira : «Je t'aime, je te trouve beau, etc.»

Si la conjointe visuelle insiste pour que son conjoint lui exprime son amour à sa façon, celui-ci sera choqué, déçu, blessé et se repliera sur lui-même. Pourquoi? Parce qu'elle n'a pas su comprendre toute la finesse et la délicatesse avec laquelle il lui transmet son amour à travers tous ses gestes et ses attentions durant une journée. Il se demande ce qu'il pourrait bien faire de plus pour lui démontrer son amour, car à son avis, il a tout fait. Les menaces et les supplications de la visuelle ne font que le rebuter davantage, car il se sent l'objet d'un chantage.

LANGAGE UNIVERSEL

Dans le langage universel, deux personnes s'attirent pour former un couple et vivre un amour durable. Comme deux aimants, ils deviennent inséparables.

• L'ambiance

L'ambiance joue un rôle primordial dans la préparation d'une relation intime.

Énergie auditive

La personne d'énergie auditive recherche la pénombre et le calme.

Énergie visuelle

La personne d'énergie visuelle préfère la clarté et l'action.

Mise en situation

Une relation

Comportement auditif

L'auditif prépare ses moments d'intimité dans le calme.

Comportement visuel

Le visuel prépare ses moments d'intimité dans l'action.

Commentaires

L'auditif, dans un langage discret, prépare sa conjointe à une relation intime.

Le visuel, dans un langage direct, prépare sa conjointe à une relation intime.

Auditif, vous préparez tendrement une relation intime, quelques heures ou quelques jours auparavant, pour ensuite improviser le moment.

Visuel, vous **pré**voyez à l'avance le moment propice et vous l'insérez dans votre horaire.

L'auditif préfère un endroit tranquille, parfois accompagné d'une musique douce et d'une lumière tamisée, ce qui crée un décor et une ambiance romantique, et incite à la confidence, à un rapprochement en douceur.

Le visuel préfère un endroit animé avec un bon éclairage et une musique entraînante, ce qui provoque chez lui des sensations et le prépare à une relation intime.

L'auditif a une plus grande facilité à se dévêtir, au grand plaisir de la visuelle, sauf si des tabous sont venus freiner ses élans naturels.

Par contre, sa masculinité prend parfois le dessus au point de souhaiter que sa conjointe se déshabille sous son regard observateur.

Le visuel prend un certain temps à se dévêtir, car il préfère regarder d'abord, ce qui lui procure des sensations.

L'auditif pourrait ne pas comprendre la réaction normale de sa conjointe et la croire complexée et voyeuse si elle hésite à enlever ses vêtements et persiste à le regarder.

Le visuel, à son tour, pourrait croire sa conjointe indécente et osée si elle a de la facilité à se dévêtir.

Pour la relation sexuelle proprement dite, l'auditif recherche la pénombre pour le plaisir d'imaginer et d'explorer chaque partie du corps de sa conjointe.

Le visuel désire un éclairage vif pour le plaisir de voir et d'admirer chaque partie du corps de sa conjointe.

Ici, il ne saurait s'agir de gêne ou de tout autre sentiment, car tous ces comportements différents sont normaux. Maintenant que l'énergie reprend son rythme harmonieux, tout ce qui a été, pour trop de personnes, l'objet de tant de fausses informations, d'interdits et de tabous n'a plus sa place, car cela ne sert qu'à dévier l'énergie pure.

Ce retour à l'énergie pure n'incite pas au libertinage, mais permet au contraire de respecter l'être humain dans son expression véritable et la sexualité dans toute sa beauté.

LANGAGE UNIVERSEL

Dans le couple, chacun recherche une ambiance amoureuse et ajuste ses goûts à ceux de l'autre.

• Les caresses

Une caresse a pour but de procurer du plaisir à la personne que l'on aime.

Dans l'intimité, la plupart des gens sont déçus et insatisfaits des caresses de leur conjoint, sans jamais oser l'admettre et l'exprimer tout haut, croyant être seuls à vivre une telle insatisfaction. Souvent, ils attribuent cela à de l'inexpérience, de la maladresse ou un manque d'intérêt de la part de leur conjoint.

Pourtant, toutes les caresses ont pour seul but de procurer du plaisir à l'autre et de lui démontrer son amour. Pourquoi tant de déception et d'insatisfaction? Parce que chacun des conjoints agit selon le développement de son énergie et celle-ci est tout à fait différente dans son mode d'expression. Ce qui plaît à l'un peut carrément déplaire à l'autre. Mais étant donné l'ignorance du mode de fonctionnement de l'autre énergie, chacun est convaincu de plaire à l'autre en lui donnant ce qu'il désire lui-même recevoir.

Énergie auditive

La personne d'énergie auditive aime la douceur.

Énergie visuelle

La personne d'énergie visuelle aime la fermeté.

Mise en situation

Une relation sexuelle

Comportement auditif

L'auditif aime les caresses faites avec douceur.

Comportement visuel

Le visuel aime les caresses faites avec fermeté.

Commentaires

L'auditif aime la douceur et la transmet à sa conjointe par un geste tendre et caressant, espérant recevoir le même en retour.

Le visuel aime la fermeté et prodigue des caresses fermes, espérant obtenir la même chose de sa conjointe.

L'auditif, ressentant de l'insatisfaction chez sa conjointe, redouble de tendresse et de douceur envers elle, à la grande insatisfaction de celle-ci.

Le visuel, pour obtenir une plus grande satisfaction, met plus d'ardeur dans ses gestes, croyant ainsi provoquer le même élan chez sa conjointe.

En tout temps, quel que soit le moment, l'auditif s'attend toujours à un geste doux. Lorsque les caresses sont fermes et brusques, il les perçoit comme un manque de délicatesse et même comme une agression ou de la brutalité. Chez certains, cette manière d'agir poussée à l'extrême peut provoquer une grande insatisfaction, de la frustration, refroidir l'élan amoureux et leur faire repousser une avance.

Le visuel, apprécie au contraire les caresses fermes et un geste trop doux l'agace et l'irrite au lieu de l'exciter, provoquant chez lui une grande insatisfaction pouvant le pousser à rechercher ailleurs une compensation.

Un orchestre se compose d'une grande variété d'instruments conçus pour émettre différents sons qui, réunis harmonieusement, jouent une belle symphonie. Tout comme un orchestre, le corps est constitué d'éléments de façon à émettre toute une gamme de sons harmonieux.

Peut-on imaginer qu'un chef d'orchestre délaisse plusieurs de ses musiciens en ne leur donnant pas le signal de départ?

À tort, par méconnaissance ou souvent par fausse pudeur, les nombreuses zones érogènes du corps ont été négligées ou inexplorées.

Dans le mode d'expression de la personne d'énergie auditive, le plaisir est lié à toute la sexualité et pour la personne d'énergie visuelle, le plaisir est lié à l'acte sexuel lui-même.

Dans la pénombre, semblable à une personne méditant dans le silence, l'auditif cherche à s'intérioriser en fermant les yeux lorsqu'il est caressé ou pendant l'acte sexuel. Ainsi, il peut mieux ressentir les sentiments qui l'animent et écouter en silence les sons intérieurs émis par les deux corps qui vibrent en lui comme une douce musique.

Le visuel, dans la clarté et les yeux grands ouverts, observe avec fascination et avidité chaque geste posé par sa conjointe, afin de vivre de plus grandes sensations en stimulant davantage son désir.

Le déséquilibre de l'énergie fait que l'auditif, voulant profiter au maximum de sa relation, ralentit son rythme tandis que le visuel, pressé d'obtenir satisfaction, accélère le mouvement.

Le monde d'illusion créé par le non respect des deux énergies a conduit l'auditif et le visuel à s'éloigner davantage l'un de l'autre au lieu de se rapprocher, chacun croyant détenir la meilleure méthode pour satisfaire l'autre.

Le surdéveloppement de l'énergie visuelle a créé une tendance populaire voulant que tout soit dirigé vers l'extérieur, portant les personnes à rechercher dans des plaisirs éphémères ce qu'elles pourraient obtenir dans une relation normale et stable.

Tous les éléments énumérés dans ces pages permettent d'ajouter une dernière touche. Mais ce résultat ne peut s'obtenir lors d'une rencontre d'un soir ou dans une expérience purement physique.

Le corps offre le plus merveilleux des concerts, car il possède toutes les notes de la gamme. Dans un échange amoureux, tout en jouant chacun sa partition, chaque partenaire se donne mutuellement pour faire vibrer toutes les fibres de leur être et s'unir ensuite dans un sublime accord.

Est-il utile d'ajouter qu'après un tel concert, le corps est rempli d'une énergie bienfaisante?

LANGAGE UNIVERSEL

Lorsque la règle de l'art est respectée dans une relation sexuelle, les deux conjoints énergisés ressentent un état de bien-être, puisque cette union leur permet de réunir les deux énergies pour n'en faire qu'Une, dans une fusion totale.

L'amour

De tout temps, on a chanté l'amour.

Auditif et visuel, redécouvrez-le.

Les sentiments ou les sensations situent la personne dans l'**avoir**.

L'auditif dit :

«J'ai des sentiments envers une personne.»

Le visuel dit :

«J'ai la sensation de l'aimer.»

L'amour est le mélange parfait des deux énergies à l'intérieur de vous et crée un **état d'être**.

Dans un même élan, l'auditif et le visuel diront :

«**JE SUIS** en **AMOUR**.»

L'amour! Ce mot à lui seul crée une magie. Quand les deux énergies vibrent à l'unisson, une douce chaleur se répand dans votre cœur et dans tout votre corps.

Réflexion

Cette lecture entraînera sûrement trois interrogations :

Désirez-vous poursuivre dans cette voie?

Quel effort devez-vous fournir pour assimiler ces langages?

Comment appliquer ces langages dans votre vie quotidienne?

Si votre choix est de poursuivre dans cette voie, les langages auditif et visuel nécessitent le même effort que pour l'étude et la maîtrise d'une langue étrangère.

Pour appliquer ces langages au quotidien, il faut franchir 4 étapes :

- la première est de reconnaître et d'accepter votre Identité;

- la seconde est l'observation et l'écoute attentive;

- la troisième est la vérification, c'est-à-dire vérifier constamment les paroles et les agissements de l'autre énergie afin d'être certain de bien traduire le message donné et reçu;

– la quatrième est l'acceptation.

Vous avez la possibilité de pratiquer l'autre langage dans votre vie, car depuis votre naissance, vous êtes dans une famille pour apprendre les deux langages, sans toutefois en être conscient.

Après avoir étudié une langue, l'étudiant qui désire la maîtriser et bien l'assimiler choisira de passer un certain temps dans un pays où l'on parle cette langue.

Comme cet étudiant, vous avez choisi vos deux parents pour apprendre les deux langages, auditif et visuel. Votre environnement familial est votre première école d'apprentissage; ensuite s'ajoutent vos frères, sœurs, amis, puis finalement l'école, le travail et le conjoint et toutes les personnes qui gravitent autour de vous.

Il s'avère très enrichissant de s'exprimer dans un langage autre que le sien, ou du moins d'en découvrir toute la beauté. Rappelez-vous que ces deux langages sont pratiqués par tous les habitants de la Terre, peu importe leur race et leur langue. Réunis, ils conduisent au **langage universel.** Il est donc fascinant d'entrevoir la vie sous cet aspect.

Il n'en demeure pas moins qu'à la lumière de cette connaissance, une évidence peut survenir et ainsi temporairement bouleverser votre vie.

Visuel, suite à cet exposé, des événements de votre passé peuvent resurgir. Ces événements ont peut-être fait l'objet d'un conflit, car vous en avez voulu à l'autre d'être différent et vous avez essayé par tous les moyens de le changer. Si tel est le cas, vous ne devez pas vous en tenir rigueur pour autant ni vous culpabiliser.

Auditif, suite à cet exposé, réalisez-vous que votre comportement est tout à fait normal, ainsi que celui de votre conjointe? Même si, pendant des années, vous vous êtes efforcé de comprendre le comportement de l'autre et de vous faire comprendre par lui, ne soyez pas déçu que cette compréhension ne survienne qu'après tant d'années.

La dernière étape à franchir est l'acceptation d'un passé parfois obscur. Vous possédiez la connaissance des langages dès votre naissance, mais la déviation de l'énergie vous les a fait oublier. Comme toutes les personnes qui vous entourent, vous avez été immergé dans un langage qui vous semblait étranger au vôtre, sans avoir reçu les bases de cette connaissance.

Pour vous libérer des événements du passé, je vous suggère de les aborder dans cette même optique. Si vous étiez soudainement projeté dans un pays étranger, sans aucune notion de la langue qu'on y parle, vous accepteriez cela sans vous reprocher ou reprocher à quiconque de ne pas connaître cette langue. Plongé dans ce nouveau pays, vous seriez forcé d'agir et par le fait même d'apprendre cette langue sans en connaître tous les rudiments.

Si vous persistez à revivre en pensée ou en images des événements passés qui furent l'objet d'un conflit, scrutez-les à la loupe afin de les mettre en lumière. Vous arriverez à la conclusion suivante :

L'origine de la plupart des conflits entre auditif et visuel est l'incompréhension de leur langage respectif.

Mettez un terme à des souffrances inutiles et découvrez le bonheur et le plaisir que procure cette nouvelle façon de vivre.

L'importante découverte des langages vous permet maintenant de bâtir votre présent sur des bases solides.

La persévérance est la voie idéale pour obtenir des résultats concrets.

Vous avez la possibilité et la liberté d'accéder à ce trésor inestimable, à vous de choisir.

Si vous avez choisi de réapprendre les deux langages, afin de vivre dans le respect, n'obligez personne à suivre cette voie, car c'est un choix strictement personnel.

Conclusion

À tous mes fidèles lecteurs et lectrices, puissiez-vous ressentir l'immense amour qui transparaît dans chacun de ces mots, afin de tourner désormais la page sur un passé révolu ou un futur inexistant pour vivre dans un présent continu.

J'espère que la lecture de ce livre ajoutera une dimension nouvelle à votre compréhension.

Ce volume vous donne quelques notions des deux langages, mais il ne suffit pas de connaître les rudiments d'une langue pour la maîtriser.

Par la pratique quotidienne, vous vous rendrez vite compte de l'immense différence qui caractérise les langages auditif et visuel.

Perfectionnez ces nouveaux langages, pour le plaisir de découvrir chaque jour le vrai visage et la richesse des personnes que vous côtoyez.

Bibliographie

Poulin, Claire, *Comment s'affirmer et devenir un être rayonnant*, Éditions de Mortagne, Boucherville (Québec), 1991.

Poulin, Claire, *Votre corps, un Univers à découvrir*, Éditions de Mortagne, Boucherville (Québec), 1992.

Turgeon, Madeleine, *La réflexologie du cerveau*, Éditions de Mortagne, Boucherville (Québec), 1989.

Si vous désirez communiquer avec l'auteur, vous pouvez lui écrire à l'adresse suivante:

Claire Poulin
Casier postal 271
Donnacona, Québec
G0A 1T0